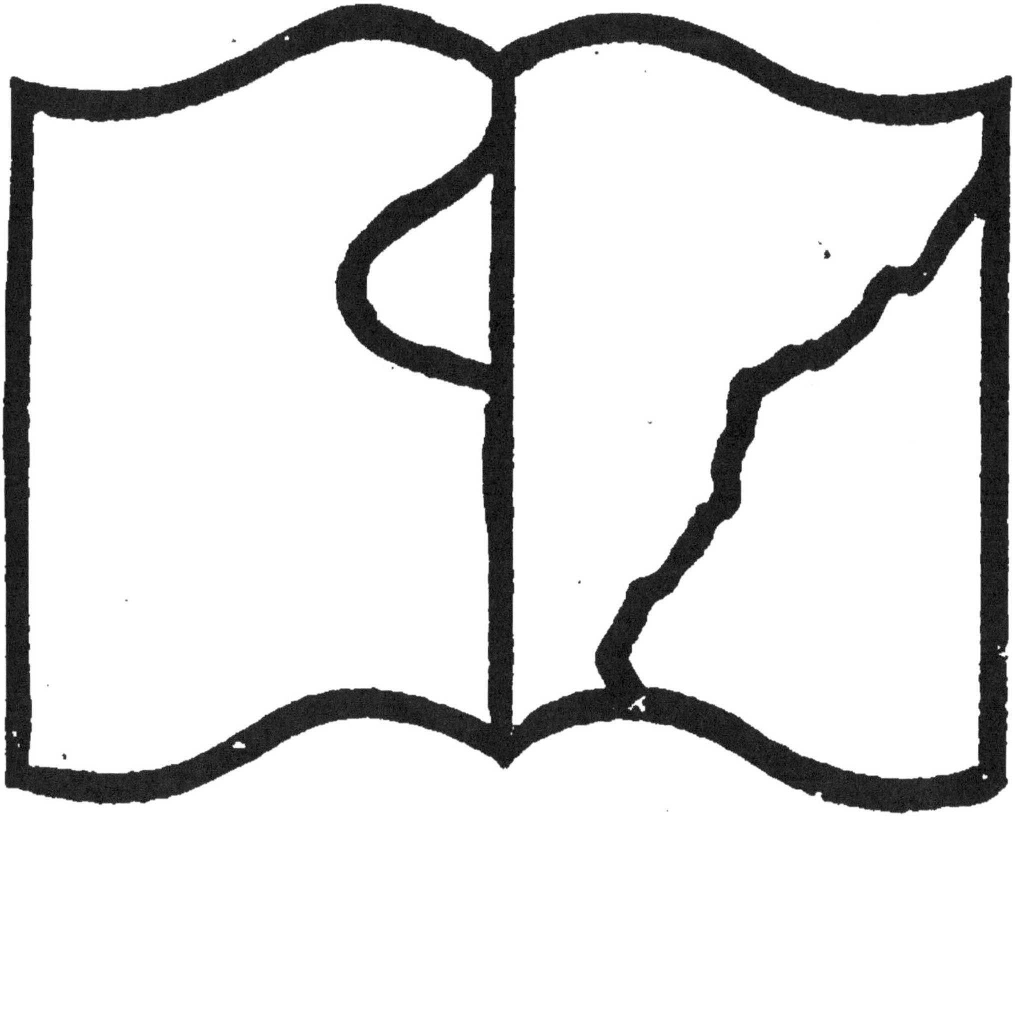

Texte détérioré — reliure défectueuse

NF Z 43-120-11

Les Deux Méthodes
Syndicalistes

Polémiques publiées à l'occasion
des attaques dirigées contre la Fédération du Livre.

Réformisme et Action Directe

PRIX : 20 CENTIMES

PARIS

IMPRIMERIE NOUVELLE (Association Ouvrière)

1905   11, Rue Cadet

PRÉAMBULE

Parmi les questions qui figurent à l'ordre du jour du Congrès typographique de juin 1905, une de celles qui passionneront certainement le plus les délégués, échos fidèles de la pensée de leurs mandants, est relative à l'attitude de la Fédération du Livre dans le monde ouvrier.

Quoique cette question n'ait pas une connexité absolue avec les problèmes plus directement corporatifs qui retiendront l'attention du Congrès, nous croyons que la discussion en sera d'autant plus ardente que de la solution arrêtée sortira : ou l'affirmation complète de la méthode d'action et de la tactique de la Fédération, ou l'acceptation des doctrines professées par les partisans de l'action directe, doctrines présentées comme seules susceptibles de conduire le prolétariat à son émancipation intégrale et définitive.

Pour permettre aux fédérés de s'éclairer complètement, pour donner des indications précises à leurs délégués au Congrès, et pour que ceux-ci puissent discuter utilement sur ce sujet, le Comité central a décidé d'éditer une brochure renfermant quelques documents ayant trait aux deux méthodes d'action et aux deux tactiques qui divisent actuellement le monde ouvrier organisé ; cette brochure contiendra aussi les polémiques auxquelles elles ont donné lieu.

De cette façon, les fédérés d'abord, les délégués au Congrès ensuite, pourront fixer leurs convictions, les appuyer de faits précis. Ils seront, en outre, armés pour les discussions futures lorsque les dirigeants de la Confédération du travail ou d'autres camarades iront faire des conférences dans leurs régions ; ils pourront puiser dans cette publication les arguments nécessaires, soit pour opposer la résistance à nos adversaires, soit pour défendre leurs intérêts, et ainsi le double but que nous nous proposons sera atteint.

En réunissant les éléments de cette brochure, nous avons soigneusement écarté ce qui avait trait aux questions de personnes, ce qui pouvait provoquer des discussions injurieuses ou blessantes, ne voulant mettre sous les yeux de nos lecteurs que des idées émises et les faits les corroborant.

La polémique, puis la lutte entre la Fédération du Livre et la Confédération du travail appuyée par certaines organisations, ne s'étant ouvertement déclarée qu'après le Congrès de Montpellier, les documents que nous aurions voulu remettre sous les yeux de nos lecteurs sont relatifs à la controverse qui a eu lieu en 1903, entre Keufer et Pouget dans la *Voix du Peuple*. Mais nous ne pouvons rendre cette brochure trop volumineuse.

Vient ensuite l'historique sommaire de la protestation de la Fédération du Livre contre les agissements de certains membres de la Confédération et les discussions auxquelles donna lieu cette plainte au Comité confédéral (décembre 1903 — janvier 1904).

Puis la conférence contradictoire Griffuelhes-Keufer, organisée par la *Jeunesse syndicaliste*.

En ce qui concerne l'attitude du Congrès de Bourges envers la Fédération du Livre, nous ne pouvons mieux faire que d'engager nos camarades à lire le compte rendu officiel dudit Congrès. Ce sera le meilleur moyen de se faire une opinion sur les procédés de discussion employés contre nôtre corporation. Lire aussi les articles du confrère Guénard dans la *Typographie*. (Numéros des 16 octobre, 1er et 16 novembre 1904) et celui de Villeval père (*Typographie* du 16 janvier 1905.)

Enfin, la polémique entamée par *Pages libres* à l'issue du Congrès de Bourges est également reproduite intégralement.

Nous terminons cette brochure par une rapide appréciation de faits récents qui se sont produits dans les dernières grèves de différentes corporations.

Nous aurons fait œuvre utile si, par la publication de cette brochure, exposé impartial, nous avons mis les choses au point, redressé les erreurs, volontaires ou non, commises à l'égard de la Fédération du Livre, si nous avons contribué à éclairer nos camarades et si nous avons assuré la consolidation de l'œuvre entreprise en vue d'améliorer, par une action méthodique et continue, la situation si précaire et si incertaine des travailleurs du livre, sans rien abdiquer de nos conceptions personnelles sur la société future.

CONTROVERSE POUGET - KEUFER

Au commencement de 1903, le délégué de la Fédération du Livre, appelé par le syndicat typographique de Saint-Etienne, fit une conférence de propagande syndicale dans cette ville. Cette conférence fut le prétexte de la polémique, courtoise nous devons le dire, entre Pouget et Keufer, et que nous aurions voulu publier. Mais les lecteurs trouveront, sous le titre *Réformes et Révolution*, les articles publiés dans la *Voix du Peuple*, nᵒˢ 127, 129, 133, 146 et 147, les articles écrits par Pouget et les réponses documentées qu'y a faites Keufer. Nous en recommandons la lecture à nos camarades, car ils verront que tous les griefs invoqués contre les réformistes par les apôtres les plus qualifiés de l'action directe peuvent être retournés très justement contre ceux-ci. C'est un point très utile à noter.

Mais si nous ne pouvons à regret reproduire ici toute la polémique Pouget-Keufer, nous devons cependant relever une insinuation formulée par Pouget dans son dernier article, — *in cauda venenum*, — auquel Keufer n'avait pas répondu.

Pouget laissait croire aux lecteurs que les délégués de la Fédération du Livre, lorsqu'ils vont en mission, traitent avec les patrons sans le consentement de nos camarades et obligent ces derniers à accepter un salaire inférieur à celui demandé par eux.

Cette appréciation, de même que celle montrant les délégués ouvriers plus empressés à rendre visite aux patrons qu'aux camarades du syndicat, est calomnieuse en tous points.

Nous contestons de la façon la plus formelle et la plus énergique que de pareils procédés aient été ou soient en usage dans la Fédération du Livre, et nous ne pouvons attribuer la mise en circulation de pareilles allégations qu'à des renseignements complètement erronés ou à une mauvaise foi absolue.

Quant au regret manifesté dans la *Typographie française* de n'avoir pu constituer un syndicat patronal à Orléans, comme on retrouvera ce reproche plusieurs fois formulé au cours de cette publication, les lecteurs y trouveront notre réponse.

LA PROTESTATION DU COMITÉ CENTRAL DU LIVRE

Jusqu'alors, les relations de la Fédération du Livre avec la Confédération du travail avaient été courtoises et correctes, malgré les divergences d'idées.

On commençait à peine à apercevoir les attaques contre notre organisation dans le dernier article de Pouget dont nous avons parlé plus haut.

Mais le mouvement d'hostilité contre nous ne va pas tarder enfin à prendre jour et à s'accentuer. Dans les derniers mois de 1903, nous recevions de la part de plusieurs de nos sections des récriminations répétées contre les agissements des conférenciers de la Confédération du travail.

Le Comité central, espérant mettre fin à ces procédés et couper court à une campagne qui semblait se poursuivre dans le but de chercher à désorganiser la Fédération, décida de saisir le Comité confédéral de ces faits.

La lettre suivante, contenant notre protestation formelle, fut adressée à la Confédération du travail :

Paris, 8 décembre 1903.

Aux membres du Comité de la Confédération générale du travail, à Paris.

CAMARADES,

Depuis quelque temps, nous sommes informés des attaques dirigées, au cours de conférences faites par des membres du Comité de la Confédération, contre la Fédération du Livre. Jusqu'alors, nous avions considéré ces attaques comme inoffensives, émanant de la seule initiative de certaines personnalités, et faites presque toujours à notre insu, étant prévenus par nos adhérents seulement lorsque le propagandiste confédéral avait quitté la localité.

Avant d'intervenir, non seulement pour nous défendre contre ces procédés, mais aussi pour réagir à notre tour, si cela était nécessaire, nous avons voulu avoir des renseignements sûrs. Ils nous sont parvenus plus précis que nous ne nous y attendions, en dehors de ceux que nous possédons depuis quelque temps.

Pour la campagne contre les bureaux de placement, il y a longtemps que la Fédération du Livre s'y est associée, — la corporation des coiffeurs pourrait en témoigner; — pour l'agitation que fait actuellement la Confédération, notre organisation y a pris sa part autant que toutes les autres corporations, quoique n'y étant pas directement intéressée. Nous avons versé notre quote-part pour les frais qu'a nécessité l'envoi de conférenciers dans toute la France; de plus, nous versons régulièrement nos cotisations confédérales, qui servent également à couvrir les frais de propagande. Cela ne suffit-il pas pour être traité sur le pied d'égalité avec les autres corporations adhérentes à la Confédération, pour y recevoir la même protection, y trouver les mêmes avantages? Il faut croire que non, car voici deux faits inouïs, après d'autres, qui révèlent un singulier état d'esprit chez ceux qui s'attribuent la mission de catéchiser le prolétariat au nom de la Confédération.

Deux conférenciers, à Dijon et à Rennes, *à propos de l'agitation contre les bureaux de placement*, ont cru de bonne tactique de calomnier et de dénigrer la Fédération du Livre et ses membres, et cela d'une façon qui constitue pour nous une véritable trahison des intérêts ouvriers. L'un, à Dijon, coutumier du fait, a attaqué notre Fédération, dont il fait partie, *sans que cette adhésion lui soit imposée*; l'autre, à Rennes, a parlé de notre situation et de notre vie corporative, *qu'il ne connaît pas*, en termes calomnieux et capables de porter un grave préjudice à nos intérêts professionnels, à notre corporation tout entière.

Le Comité central, à l'unanimité, proteste donc énergiquement contre la conduite de soi-disant défenseurs des intérêts ouvriers et qui ne font autre chose que colporter, avec notre argent, nos cotisations, leur haine misérable, leur ignorance des choses dont ils parlent, et nous demandons formellement que le Comité confédéral désavoue publiquement la conduite de ces deux délégués *dans ces circonstances*. Nous avons droit à être traités comme les autres corporations adhérentes; nous faisons toujours et partout notre devoir et nous entendons être protégés et respectés comme elles.

Si satisfaction ne nous était pas donnée par le Comité confédéral, nous ferions connaître au prolétariat français ce qui se passe, et nous verrons si les intérêts des travailleurs doivent être sacrifiés aux rancunes ou au jugement incompétent, à la tyrannie de quelques sectaires.

Nous espérons, camarades, que vous publierez cette lettre dans la *Voix du peuple* et nous vous prions de recevoir nos cordiales salutations.

(Suivaient les signatures de tous les membres du Comité central.)

Deux longues séances du Comité confédéral furent employées à discuter cette protestation. Fidèles à l'esprit qui a dicté la publication de cette brochure, nous aurions voulu reproduire intégralement les procès-verbaux. Mais nous sommes obligés de renvoyer nos lecteurs au n° 190 de la *Voix du Peuple*; il publie les procès-verbaux de ces deux mémorables séances.

L'ordre du jour suivant avait été déposé par nos camarades Jusserant et Liochon :

Le Comité confédéral (les deux sections réunies), après avoir entendu les explications provoquées par la protestation de la Fédération du Livre contre les appréciations dont elle a été l'objet de la part de deux délégués de la Confédération au cours des conférences concernant les bureaux de placement, et soucieuse de maintenir l'union parmi les forces ouvrières.

Rappelle :

Que les organisations adhérentes à la Confédération générale du Travail doivent jouir d'une entière autonomie pour leur gestion et pour les moyens à employer dans la défense des intérêts corporatifs de leurs membres (article 37 des statuts de la Confédération),

Déclare :

Que ses délégués parlant en son nom doivent respecter cette autonomie et s'abstenir de toute attaque contre les organisations adhérentes, notamment en ce qui concerne la méthode d'action employée par ces organisations, seules juges des conditions dans lesquelles elles peuvent et doivent soutenir la lutte pour conquérir plus de bien-être et plus d'indépendance, tout en poursuivant l'émancipation complète et définitive du prolétariat.

Signé : JUSSERANT, LIOCHON.

Il a été repoussé par la majorité au bénéfice de la proposition du délégué de Brive (Luquet, des coiffeurs), qui demandait *l'ordre du jour pur et simple.*

Ont voté pour l'ordre du jour pur et simple :

Maçons. Alimentation, Agricole du Midi, Ports et Docks, Sellerie-Bourrellerie, Coiffeurs. Charpentiers, Bijouterie, Bûcherons, Peintres, Carriers, Confection militaire. Cuivre, Bâtiment, Habillement, Mineurs de Montceau-de-Decazeville, Textile, Verriers.

Bourses du travail de Limoges, de Dijon, de Montluçon, des Alpes Maritimes, de Perpignan, de Levallois-Perret, de Grenoble, de Béziers, de Montpellier, d'Alger, d'Oran, de Constantine, d'Agen, de Rennes, de Brest, de Saint-Claude, de Narbonne, de Tarare, de Chartres, d'Arles. du Havre, de Cette, de Laval, de Calais, de Romans, de Paris, de Troyes, de Thiers, de Brive.

Ont voté pour l'ordre du jour Jusserant-Liochon :

Mouleurs, Fédération lithographique, Tabacs, Marine, Monnaies, Livre, Mécaniciens, Employés. Travailleurs municipaux, Papier.

Bourses du travail d'Albi. de Mustapha, de Vierzon, de la Rochelle, de Rochefort, d'Amiens, de Nîmes, de Mehun-sur-Yèvre, de Tarbes, d'Alençon.

En conséquence, l'ordre du jour pur et simple fut adopté.

Et voilà comment, à la Confédération, on a respecté l'autonomie des organisations adhérentes. Les membres du Comité confédéral critiquent, dénigrent à leur aise et ils reçoivent un blanc-seing pour les autoriser à continuer cette vilaine besogne !

Il n'était pas inutile de souligner les noms des fédérations et des Bourses du travail qui ont encouragé le dénigrement et la violation de l'indépendance dans l'action d'une corporation dont les membres sont mieux placés pour savoir comment ils doivent défendre leurs intérêts.

UNE CONTROVERSE

Nous arrivons à la conférence contradictoire, qui fut organisée le 29 juillet 1904, par la Jeunesse syndicaliste de Paris, et qui fut faite par Griffuelhes, secrétaire de la Confédération générale du Travail, et Keufer, secrétaire général de la Fédération du Livre.

Nous publions intégralement ces conférences, exposé complet des deux conceptions syndicalistes qui se partagent le monde ouvrier et qui a été publiée dans le *Mouvement socialiste* du 1er janvier 1905.

De cette façon, chacun pourra y puiser les arguments de nature à fortifier sa propre conviction, et on ne pourra nous accuser de faire œuvre de parti-pris.

CONFÉRENCE GRIFFUELHES

I

Le Syndicalisme Révolutionnaire

I. — LA QUESTION SOCIALE.

La situation faite, dans la société capitaliste, à l'ouvrier moderne, est pénible et douloureuse. Il est astreint, pour vivre, aux plus durs travaux, sans en retirer la moindre satisfaction. Il est le créateur de la richesse sociale, et de cette richesse il ne profite pas. Ce sont, au contraire, les hommes qui ne la créent pas qui en sont les seuls bénéficiaires.

En d'autres termes, cette situation se définit ainsi : d'un côté, le producteur mis dans l'impossibilité de consommer, de l'autre côté le non-producteur mis dans la possibilité de bien consommer. Le non-producteur peut donc consommer pleinement, parce que le producteur ne peut le faire ; le privilège de l'un est fait de la misère de l'autre. Pour mieux dire, le non-producteur, c'est-à-dire le patron, le capitaliste, ne peut prolonger l'existence de ses prérogatives qu'en maintenant asservi le producteur, c'est-à-dire l'ouvrier.

II. — LES DEUX MÉTHODES : LUTTE OU CONCILIATION.

L'ouvrier doit vouloir acquérir un mieux-être. Et pour y parvenir, il lui faut se grouper afin d'obtenir de son patron les satisfactions nécessaires. Et, comme ce dernier ne les lui donnera pas de bon gré, l'ouvrier est donc contraint de lutter. Cette lutte de l'ouvrier doit s'exercer contre le patron ; elle doit, en augmentant la puissance du travailleur, tendre à diminuer le privilège du patron ; il y a là deux adversaires irréductibles en présence, qui doivent se combattre jusqu'au moment où les chocs successifs auront fait disparaître les causes de la lutte : l'exploitation et l'asservissement des travailleurs.

Pour nous, syndicalistes révolutionnaires, la lutte repose, non sur des sentiments, mais sur des intérêts et des besoins. Telle est la conception qui nous guide dans le mouvement. Nous nous séparons de ceux qui, comme les syndicalistes réformistes, veulent combiner les efforts ouvriers et les efforts patronaux pour assurer des avantages communs, lesquels ne peuvent s'obtenir que sur le dos du consommateur, et par conséquent sur le dos de l'ouvrier, celui-ci étant consommateur. En notre milieu social actuel, l'ouvrier produit parce qu'il lui faut consommer, c'est-à-dire que pour être à même de calmer sa faim et de parer à ses premiers appétits, le travailleur est obligé de produire.

La question ouvrière est posée par nous, syndicalistes révolutionnaires, de la façon suivante : lutter contre le patronat pour obtenir de lui, et à son désavantage, toujours plus d'améliorations, en s'acheminant vers la suppression de l'exploitation. Pour les camarades syndicalistes réformistes, avec lesquels nous sommes en opposition, la même question ouvrière se pose comme suit : se grouper pour établir une entente avec le patronat ayant pour but de lui démontrer la nécessité d'accorder quelques satisfactions, n'entamant en rien le privilège patronal. Cette dernière façon de procéder nous amène loin du but que nous nous assignons !

Voyons, en effet, où tendent les efforts de ces camarades. Le journal des jaunes nous l'apprend.

Parlant d'un livre paru récemment, intitulé *l'Ouvrier*, et préfacé par un conseiller prud'homme ouvrier, le journal jaune reproduit des passages fort suggestifs que, naturellement, il approuve fort.

Voici ce que dit cet ouvrage, patronné par le ministère du Commerce :

La *carrière* d'un ouvrier ne s'enferme pas, égoïste, entre les quatre murs de l'atelier où il travaille. Elle réclame d'être un *échange* de services, de bons procédés, d'offices, de dévouement avec un patron, ses camarades. Elle demande, de sa part, du *cœur du courage*, de la *bonne volonté*.

Plus loin, il est dit :

Goûter la joie où elle se trouve réellement, c'est-à-dire dans la douce philosophie qui sait juger suffisant le bonheur que l'on possède en attendant, s'il est possible, de le rendre plus grand.

Voyons encore :

Ce petit livre est un ami qui rêve de voir tous les hommes s'adonner au travail manuel, et, le pays empli de l'activité des haches, des marteaux, des limes, des charrues, travaillant dans la prospérité et dans la paix, pour la *famille*, la *cité*, la *patrie*, l'*humanité*.

On conviendra que des commentaires sont inutiles. Ces extraits se suffisent. On comprend à cette lecture pourquoi des patrons se se sentent rassurés, et pourquoi il en est qui accordent de *légères* améliorations et pourquoi il devient peu dangereux d'occuper des ouvriers organisés ! Car l'ouvrage dont il s'agit s'est donné pour tâche d'amener au syndicat les jeunes gens. Le journal jaune se rend bien compte qu'un tel enseignement n'a rien de contraire aux intérêts patronaux, et il en conclut en émettant une juste appréciation : « L'auteur a su réunir dans ce petit volume les *renseignements* et les *conseils* qui font de son œuvre le catéchisme de l'ouvrier. »

Voyons encore la fin d'un discours de l'homme qui a introduit la corruption dans les milieux ouvriers.

A Arras, devant le Congrès d'hygiène sociale, l'ancien ministre du commerce, Millerand, a terminé par les paroles suivantes : « A une heure où tant de sujets de discorde nous assiègent, n'est-ce pas faire œuvre bonne et méritoire que chercher à fonder sur l'amélioration des conditions de la vie humaine, par l'union des cœurs et des consciences, la *paix française ?* »

Mais il y a mieux. Le *Bulletin de l'Office du travail* de décembre 1903, résumant les travaux du *Conseil supérieur du travail* de la session de 1903, contient une proposition de M. Fontaine et de Keufer sur le *délai-congé*, qui fut adopté *à l'unanimité des votants* :

Attendu qu'il résulte, tant de l'enquête faite par le ministre du Commerce, que des observations particulières de chacun, que le délai-congé est en usage général et traditionnel en matière de résiliation de contrat de louage, de service ou de travail, à durée indéterminée, est d'avis : que cet usage est fondé sur l'intérêt individuel réciproque des contractants, sur l'intérêt collectif des groupes professionnels et sur l'intérêt général de l'industrie et du commerce, qu'il répond à une *nécessité d'ordre public et de paix sociale.*

Voilà des documents que nous fournissent un instituteur, un ministre « socialiste », et une assemblée comprenant des représentants des groupements ouvriers. Ces divers textes tendent au même objet : concilier et unir des éléments contraires. La négation du droit ouvrier en est l'aboutissant logique.

A ce « travail en commun » et à cette entente, nous opposons *la lutte*, peut-être moins « avantageuse » et moins « profitable ». A ce contact permanent et régulier, nous opposons un groupement autonome. Nous donnons, en un mot, à l'organisation, le caractère provoqué, non par nous, mais par les conditions imposées par le régime capitaliste aux travailleurs.

Ces conditions sont dictées par le patronat, avec l'appui du pouvoir qui en est l'émanation et le représentant. Les faits sont là, qui montrent le rôle de l'Etat en faveur des exploiteurs. Et c'est parce que les faits sont indiscutables et connus qu'il suffit d'affirmer le caractère *indépendant* que nous voulons donner à l'action ouvrière. En dehors du patronat et contre lui, en dehors du gouvernement et contre lui. le mouvement syndical doit se développer et agir.

III. — L'ORGANISATION AUTONOME DE LA CLASSE OUVRIÈRE.

La croissance du mouvement devait forcément faire surgir des combinaisons et des manœuvres, toutes dirigées vers l'atténuation de notre action révolutionnaire.

Les conflits devenant plus nombreux et se produisant en dehors de toute considération patronale et gouvernementale, parce qu'ils sont des produits naturels, ont fait naître un tas de projets, qui, sous une apparence libérale, sont inutiles ou dangereux. On voudrait, pour diminuer le nombre des conflits ou pour en atténuer le caractère, instituer toute une réglementation compliquée et d'un maniement difficile. Avec elle, les grèves régularisées, d'un mécanisme lent, perdraient de leur acuité d'abord, pour disparaître ensuite. On espère parvenir à tirer d'un organisme social plein d'irrégularités, d'incohérences et de chocs, des manifestations se déroulant selon un cadre défini et étroit. On a l'illusion de vouloir modeler les faits qui meurtrissent les ouvriers, en réduire les effets en passant à travers des formalités procédurières, pour les rendre supportables au travailleur, au grand bénéfice de la « paix sociale ».

Ceux qui raisonnent ainsi font preuve d'une profonde ignorance des questions ouvrières. La vie du travailleur, image de la vie de l'atelier, est trop complexe et diverse pour se prêter à une réglementation arbitraire. Les souffrances, pas plus que les peines, ne peuvent se doser au point de les rendre moins vives sous un amas de complications, tirées de formes parlementaires.

C'est par la force que la bourgeoisie impose ses volontés et ses caprices, c'est par la force qu'elle maintient son exploitation. Le monde social repose uniquement sur la force, il vit de sa force oppressive et il porte la force en lui-même. Il doit par conséquent créér la force et obliger ceux qu'il assujettit à utiliser la force. L'autorité patronale est faite de violence et seule la force peut la supprimer. Et cela, non pas parce que la force peut plaire, mais parce qu'elle est imposée par les conditions qui président à la lutte ouvrière.

Je citerai une opinion à retenir d'un membre de l'Institut, pour appuyer cette constatation. Pour justifier le mouvement jaune, il écrit : « Il suffit de signaler que, devant le nombre croissant et le caractère toujours plus aigu des grèves, la très grande majorité des esprits sensés voit avec plaisir sé constituer les éléments d'un parti ouvrier modérateur. En même temps, tout le monde reconnaît que la question sociale, mise un peu trop violemment sur le tapis, s'impose à l'attention publique, et pour le moment prime n'importe quelle autre. Il n'est plus possible de la méconnaître et de l'écarter, ainsi qu'on l'a fait si longtemps ».

Jaurès, au sujet des incidents de Cluses, écrivait, après avoir essayé de montrer la nécessité de la réglementation pour créer la « vie mécanique » : « Il convient d'instituer par la loi un système de garanties sans lequel la lutte de classes, au lieu de se résoudre en harmonie socialiste, par une série de transactions, s'exaspèrera jusqu'au délire du meurtre patronal, comme à Cluses, ou jusqu'à de sanglantes représailles ouvrières ».

L'article qui contient ces lignes, dégagé de la phraséologie simpliste et du rêve qu'il expose, affirme la nécessité de la force. Sans doute, la réglementation indiquée en évite, d'après l'auteur, l'emploi, mais comme tout s'oppose à cette réglementation, l'affirmation reste entière.

Mais cette force que nous trouvons dans l'organisation de lutte, doit se manifester sous l'impulsion des intéressés. C'est aux ouvriers qu'il appartient de conduire leur action et leur lutte, puisqu'elle a pour but de défendre et de sauvegarder leurs intérêts. Sur ce point encore, nous nous différencions de nos contradicteurs. Nous disons que l'organisation, étant provoquée par la situation misérable du travailleur, ne devant comprendre que des salariés, doit être maniée par les ouvriers pour des fins spécifiquement ouvrières. Toute considération n'ayant pas ces fins doit nous rester étrangère ; en un mot, la question ouvrière doit primer toute autre. Pour cela, les militants ne doivent jamais subordonner l'action ouvrière aux forces sociales qui s'agitent autour d'eux. Et ce résultat ne peut être atteint que si la classe ouvrière constitue un organisme formé d'elle et ayant pour unique tâche de lutter pour ses intérêts. Cet organisme, à notre avis, doit échapper à toute influence, soit qu'elle émane des possédants, soit qu'elle émane du pouvoir ; il doit comprendre les institutions et les services qui répondent à chacun des besoins du travailleur ; il doit se suffire, pour n'emprunter qu'aux éléments qu'il comprend la force d'agir et de s'imposer.

Cette conception n'est pas seulement la nôtre : d'autres la partagent. Lagardelle écrivait dans *Pages libres*, en 1902 :

> Le socialisme d'Etat tend, au contraire, à étendre le domaine des institutions administratives existantes, à développer le champ d'action des rouages mêmes de la société présente, et non à lui substituer des organismes nouveaux, de formation purement ouvrière.
>
> De ce point de vue, le ministérialisme fausse l'esprit des masses. Il déplace le centre de gravité de leur action ; il enlève au prolétariat toute confiance en lui-même, lui fait tout espérer de l'action providentielle de l'Etat et l'intéresse seulement au maintien ou au renversement du personnel gouvernemental. Autant le socialisme révolutionnaire est une doctrine de combat et d'énergie, n'attendant rien que des efforts conscients du prolétariat lui-même, autant le socialisme d'Etat est un principe de lassitude et de faiblesse, espérant réaliser par l'intervention extérieure du pouvoir ce que l'action personnelle ne peut atteindre. Le premier doit se développer dans les pays à large et pleine vie industrielle ; le second est le produit de nations en décadence économique, de peuples anémiés et vieillis.
>
> . . . .
>
> Le mot d'ordre de tous les socialistes soucieux de maintenir intangible la vertu révolutionnaire des institutions autonomes du prolétariat contre les débordements du socialisme d'Etat, c'est encore la vieille parole de l'Internationale : « L'émancipation des travailleurs doit être l'œuvre des travailleurs eux-mêmes. »

Lauche, des Mécaniciens, lui-même écrit dans la *Voix du Peuple*, au sujet de l'attitude des gouvernementaux à l'égard du projet de loi relatif aux retraites ouvrières :

> Les syndicats rejettent loin d'eux tous les éléments dissolvants et continueront leur marche en avant sans préoccupations politiques et gouvernementales d'aucune sorte.

C'est ce besoin d'autonomie et d'indépendance qui nous fait repousser toutes les institutions que les gouvernements ont créées, parce qu'elles ont un but suspect. Ces institutions déplacent notre action en la mettant sous la tutelle du pouvoir. Avec elles, l'organisation ouvrière deviendrait un organisme de l'Etat, tandis que nous voulons créer en face de l'Etat bourgeois une organisation appelée à lutter contre lui et contre les forces qu'il représente.

IV. — DANGER ET STÉRILITÉ DES INSTITUTIONS GOUVERNEMENTALES.

Parmi ces institutions gouvernementales, il y a le *Conseil supérieur du travail* et les *Conseils du travail*. Voyons ce qu'ils ont donné et ce qu'ils peuvent donner.

La grosse besogne du C. S. T. a consisté à élaborer un projet relativement à l'apprentissage. Ce projet veut établir des conditions nouvelles rendant l'apprentissage obligatoire. Or, l'apprentissage devient de moins en moins nécessaire. Les qualités techniques de l'ouvrier sont de plus en plus secondaires. Les métiers disparaissent ; le travailleur devient, d'artisan qu'il a été, une machine. De plus, ce projet de loi veut limiter le nombre d'apprentis, et cela est impossible.

Un court instant, nous avons cru à cette possibilité; mais un examen de la réalité nous a montré la naïveté de cette mesure. Aujourd'hui, dans presque toutes les corporations, le nombre des ouvriers est trop élevé; les chômeurs augmentent dans des proportions énormes, et vouloir limiter le nombre des apprentis pour chaque corporation, c'est empêcher une grande quantité de jeunes gens de travailler, de gagner leur pain. Cette limitation appliquée dans quelques corporations, rejetterait dans d'autres tous les futurs ouvriers, et si partout elle était appliquée, que ferait la jeunesse? Mise dans l'impossibilité de travailler, cette jeunesse serait, par la volonté des ouvriers adultes, réduite à la plus hideuse situation. La limitation est ainsi impossible parce qu'il y a trop de bras réduits à travailler; elle est contraire à l'intérêt ouvrier, car après une certaine période, elle créerait une classe d'ouvriers qualifiés dont les avantages seraient faits d'une plus grande misère des non qualifiés.

Le C. S. T. a également étudié la question prud'hommale et depuis, par deux fois successives, le Sénat a refusé à des catégories de salariés le bénéfice de cette juridiction.

Tel est le bilan de cet organisme gouvernemental : pour ce qui est de l'apprentissage, sa besogne est anti-ouvrière ; pour ce qui est de la prud'hommie, il n'a rien produit.

Les *Conseils du Travail*, de leur côté, n'ont aucun pouvoir. Le Conseil d'Etat vient, par un jugement récent, de le déclarer.

Voici les attendus :

Considérant que les Conseils du Travail sont essentiellement des organes d'information, *qu'ils ne sont investis d'aucun pouvoir* propre de décision... *que leurs avis ne sont pas obligatoires...*

Considérant que si les Conseils du Travail sont chargés d'établir dans chaque région un tableau constatant le taux normal des salaires et la durée courante de la journée de travail...

Ce tableau n'est qu'un nouvel élément d'information *et ne change rien* aux attributions des administrations publiques.

Ces attendus, on en conviendra, se passent de commentaires.

V. — LES GRÈVES.

Longtemps, dans les milieux ouvriers, on a considéré les *grèves* comme néfastes. Ce n'est pas notre avis. Pour nous, elles apparaissent comme nécessaires. D'abord parce qu'elles forment les travailleurs et les disposent pour la lutte; elles habituent la classe ouvrière à l'action et à la défense de ses intérêts. De plus, les grèves donnent des résultats, relatifs sans doute, mais qui n'en sont pas moins réels.

Parlant des grèves en Allemagne, l'*Humanité* relatait récemment que pour l'année 1903 les syndicats allemands ont dépensé en secours de grève la somme de 5,600,000 francs; mais ce journal oublie l'essentiel en ne nous donnant pas le nombre des résultats obtenus dans ce pays. L'importance des secours distribués ne saurait effacer le manque de résultats. La grève n'a pas pour but de permettre cette distribution de secours, elle a pour objet de faire accorder à des ouvriers des améliorations.

En France, les secours répartis sont bien moins élevés, et cependant les résultats sont supérieurs à ceux obtenus en Allemagne. La preuve nous en a été donnée, même par le journal *le Temps*, peu suspect de sympathie à notre égard.

Les ouvriers anglais triomphent dans une moyenne de 31 p. 100 et 21 p. 100 se terminent par des transactions; les Allemands obtiennent 22 p. 100 de succès et 32 p. 100 de transactions; les Autrichiens ont 19 p. 100 de victoires et 30 p. 100 de transactions; les Belges, sur 76 grèves, obtiennent gain de cause dans 8; chez nous, il y a une moyenne de 25 p. 100 de succès et 35 p. 100 de transactions.

Ainsi, la France vient après l'Angleterre et avant l'Allemagne. Il est donc inutile de faire luire les millions distribués !

La statistique des grèves données par l'Office du Travail français relève, de 1890 à 1901, un total de 5,625 grèves, se classifiant ainsi :

> 1.336 réussites.
> 1.867 transactions.
> 2.422 échecs.

Par conséquent, sur ces 5,625 grèves, il y a eu, comme échecs complets, *moins de la moitié* des conflits, soit 2,422 défavorables aux ouvriers contre 3,197 favorables, — une transaction donnant des avantages aux ouvriers,

Si nous prenons les gains et les pertes des salaires, nous trouvons, d'après M. Fontaine qui, dans *Grèves et Conciliations*, se basant sur ce que l'année 1895 peut être tenue pour année moyenne de grèves, a établi un calcul, supputé sur 300 jours de travail, des gains et des pertes de salaires, conséquence des grèves, et est arrivé aux chiffres suivants :

	Perte de salaires.	Gain.
En cas de réussite...........	120.000 fr.	700.000 fr.
— de transaction.......	600.000	1.300.000
— d'échecs complets....	600.000	
	1.320.000 fr.	2.000.000 fr.

Voilà des chiffres qui montrent qu'en France la lutte donne des résultats, malgré la pénurie des caisses syndicales. C'est parce que l'argent ne suffit pas à lui seul pour donner le succès ! Il faut *l'esprit de lutte* qui se développe chez nous et qui manque presque totalement à l'étranger.

Nous disons que l'argent ne suffit pas, parce que ces chiffres nous le prouvent, et qu'ensuite nous connaissons des grèves qui ont été des défaites ouvrières, malgré que le secours donné ait été de 3 fr. 50 à 4 fr. par jour.

On le voit, en dépit des défauts qui nous sont propres, nous savons lutter. On en trouve une nouvelle preuve dans la croissance du mouvement syndical qui est suscitée par les conflits et par la propagande; c'est pourquoi nous estimons les grèves nécessaires.

Cette nécessité nous amène, en outre, à faire la *propagande antimilitariste*, qui s'impose non seulement parce que nous sommes les négateurs de la patrie, mais parce que le soldat a pour fonction de défendre le patron contre l'ouvrier. Rendre les jeunes gens antimilitaristes, c'est nous rendre sympathiques les baïonnettes de demain.

La croissance dont nous venons de parler se constate encore par l'entrée en ligne de nouvelles corporations. Les boulangers, les limonadiers, tous les ouvriers de l'alimentation, en un mot, et les paysans, jusqu'ici réfractaires à l'organisation, s'agitent et ont su par leur énergie s'imposer à l'opinion publique et à leurs patrons. C'est là un indice nouveau du développement de la lutte ouvrière.

Ce développement de la lutte demande à être accéléré par nous, et nous y parvenons en nous opposant à toute réforme qui n'a pas pour résultat d'augmenter la puissance d'action ouvrière. Toute « réforme » qui tend au contraire à diminuer l'esprit de lutte est combattue par nous. C'est ainsi que nous sommes adversaires des projets de loi de MM. Waldeck-Rousseau et Millerand sur la capacité commerciale et sur l'arbitrage obligatoire.

Et en voulant établir un choix parmi les réformes qui peuvent être offertes aux travailleurs, nous ne nous montrons nullement des partisans du « tout ou rien », comme on se plaît à le prétendre. Il est des modifications à l'état de choses existant que nous repoussons parce que, par leur insuffisance, elles sont un *trompe-l'œil* et une comédie. En cela, nous restons moins exigeants que ceux qui voudraient nous faire passer pour ces « tout ou rien ». C'est ainsi que les ouvriers des manufactures de tabacs, qui réclament une retraite de 720 francs par an pour les hommes et de 540 francs pour les femmes à 55 ans d'âge, nous reprochent d'être des partisans du « tout ou rien », pour ne pas nous contenter d'une promesse de retraite de 360 francs par an après trente ans de versements. Les travailleurs de la ville de Paris réclament la retraite égale à la moitié du salaire (ce qui fait 900 francs au minimum pour atteindre 1.200 francs et plus), après 25 ans de services (services militaires et administratifs antérieurs compris).

Si ces camarades, qui se classent parmi nos contradicteurs, sont logiques en demandant des retraites aux taux mentionnés, pourquoi serions-nous partisans du « tout ou rien ». Parce que la retraite promise de 360 francs ne nous satisfait pas?

Nous connaissons aussi tel militant qui déclare qu'aux ouvriers de l'Etat, la journée de huit heures est légitimement due, tandis que pour ceux de l'industrie privée, laisser la journée à dix heures est suffisant !

On voudra admettre qu'être traités de partisans du « tout ou rien » par les camarades formulant les points précités, c'est plutôt bizarre et que leur accusation, agitée avec tant de fureur et dressée sur nos têtes comme un anathème, perd beaucoup de son bien-fondé et se retournerait, si une telle critique était justifiée, contre leurs auteurs.

VI. — L'ACTION DIRECTE.

Il est un mot qui suscite bien des discussions. On s'est plu à lui donner une définition mensongère et on l'a dressé comme un épouvantail. L'*action directe*, par la bouche de nos contradicteurs, a subi une déformation exagérée qu'il convient de redresser. Il appartient, en effet, à ceux qui ont lancé ce mot, de le définir.

Action directe veut dire action des ouvriers eux-mêmes, c'est-à-dire action directement exercée par les intéressés. C'est le travailleur qui accomplit lui-même son effort ; il l'exerce personnellement sur les puissances qui le dominent, pour obtenir d'elles les avantages réclamés. Par *action directe*, l'ouvrier crée lui-même sa lutte ; c'est lui qui la conduit, décidé à ne pas s'en rapporter à d'autres qu'à lui-même du soin de la libérer.

Et, comme les définitions théoriques ne suffisent pas, pour montrer ce que nous entendons par *action directe*, il faut citer en exemple l'agitation faite en France pour la libération du capitaine Dreyfus. Si on eût attendu du seul effet de la légalité cette libération, il est certain qu'elle ne serait pas un fait accompli. C'est grâce à une agitation, par une campagne de presse, par meetings, réunions, manifestations, démonstrations dans la rue qui furent, en des circonstances, des massacres, que l'opinion publique fut saisie et que fut préparée une disposition d'esprit favorable à la cause du forçat. C'est la foule soulevée qui fit pression sur les pouvoirs constitués, et la lourde machine judiciaire mise en mouvement rendit à la liberté le capitaine. Chacun a trop présent à l'esprit cette période d'agitation pour s'y attarder.

C'est par une agitation, moins vaste, mais de même caractère, que les pouvoirs ont attenté au droit de propriété des placeurs, en permettant la suppression du privilège du placement.

L'attitude du Sénat, au sujet de l'extension de la juridiction prud'hommale à toutes les catégories de salariés, montre encore la valeur de l'action directe. Rappelons ce fait trop cité :

En juillet 1903, les organisations des Employés placardaient sur les murs de Paris, un appel à la corporation qui disait :

Ayez confiance!

Les employés demandent des juges! La Chambre s'est inspirée de leurs vœux; elle a adopté, à la presque unanimité, un projet de loi accordant aux employés la juridiction des prud'hommes.

Ce projet est actuellement au Sénat. M. le ministre du Commerce l'a défendu dans un discours documenté, dont voici la péroraison :

. . . .

Il est impossible que ce langage ne soit pas *approuvé du Sénat républicain.*

Employés, ayez confiance!

Renoncez à des manifestations intempestives qui seraient exploitées par les partis de réaction et compromettraient notre cause. *C'est par notre sagesse qu'il faut faire appel à la sagesse du Sénat.*

A ce langage si sage et si... républicain, le Sénat répondit par un acte démocratique et... républicain. Fin octobre, il refusait la prud'hommie à ces salariés! Ce refus était opposé au moment où la Chambre votait la suppression des bureaux de placement. Cependant, il faut le répéter, celle-ci constituait un attentat (bien anodin, sans doute!) à la propriété, la question prud'hommale n'était qu'une *extension* d'une juridiction établie.

Trois mois après, le Sénat renouvelait, par un deuxième vote, à une plus forte majorité que la première fois, son refus. Devant cette obstination, les employés lançaient l'appel suivant :

En refusant aux employés du commerce et de l'industrie la juridiction des prud'hommes, le Sénat a trompé la confiance que le prolétariat des bureaux et des magasins avait mise en son esprit républicain. Protester contre son vote réactionnaire s'impose à nous comme un devoir.

Mais la protestation qu'il appartient à chacune de vos organisations corporatives de faire retentir resterait vaine si elle n'était suivie d'une action énergique.

A cette action, vous devez convier, pour un effort solidaire, nos camarades ouvriers. Ce ne sont pas seulement nos droits qui ont été méconnus, ce sont aussi leurs droits qui ont été menacés par les attaques dont l'institution même des prud'hommes a été l'objet de la part des réacteurs du Luxembourg.

Ils ont osé invoquer contre nous et contre tous les travailleurs les principes de la Révolution. Quelle audace et quelle impudence! Croient-ils donc que vous ayez oublié l'histoire des luttes soutenues pour la défense de nos droits? Et qui donc, sinon les hommes de 1789 et de 1793, a proclamé le plus énergiquement le droit des citoyens à être jugés par leurs pairs, le principe de l'élection des magistrats?

C'est à une énergique campagne de protestation et d'action que vous appelle la Fédération nationale des Employés. Le succès prochain est encore possible, il dépend de votre résolution et de votre ténacité. La violence serait dangereuse pour notre cause, mais l'inaction et le silence lui seraient mortels. Par tous les moyens en votre pouvoir et sur tous les terrains de propagande, manifestez votre volonté, affirmez votre droit.

Employés du commerce et de l'industrie.

En vous refusant la juridiction des prud'hommes le Sénat a commis contre vous un déni de justice. Votre Fédération nationale ne se laissera décourager par aucun obstacle, désarmer par aucune habileté. Forte de votre appui, elle ne cessera le combat que lorsque la justice vous aura été assurée par la complète victoire de vos revendications.

Il y a une différence entre les deux appels. Le second déclare l'action indispensable et énergique; c'est là ce que signifie *action directe*.

Pour finir sur ce point, voici une appréciation qui suit la reproduction d'un passage d'un rapide exposé de Sembat au Parlement sur ce qu'est l'*action directe;* elle est de Pouget :

Eh oui! Voilà ce qu'est l'*action directe....* Elle est une manifestation de la conscience et de la volonté ouvrières; elle peut avoir des allures bénévoles et très pacifiques et aussi des allures très vigoureuses et violentes... Cela dépend des circonstances.

Mais, en un cas comme dans l'autre, elle est de l'action révolutionnaire parce qu'elle n'a cure de la légalité bourgeoise et que sa tendance est d'obtenir des améliorations qui réalisent une diminution des privilèges bourgeois.

VII. — CONCLUSION.

L'action ouvrière pour nous n'est donc qu'une manifestation continue faite de nos efforts. Nous disons que la lutte doit être de tous les jours et que son exercice appartient aux intéressés. Il y a, par conséquent, à nos yeux, une pratique journalière, qui va chaque jour grandissant jusqu'au moment où, parvenue à un degré de puissance supérieur, elle se transformera en une conflagration que nous dénommons grève générale et qui est la révolution sociale.

CONFÉRENCE KEUFER

II

Le Syndicalisme Réformiste.

En présence des vives polémiques engagées sur le syndicalisme, sur son rôle et sa méthode d'action, j'ai accepté avec empressement la proposition du Comité de la *Jeunesse Syndicaliste*. Cette proposition consistait à soutenir la controverse avec le camarade Griffuelhes, secrétaire général de la *Confédération générale du Travail*, controverse courtoise sur notre manière respective de concevoir le syndicalisme.

Prenant la parole après le camarade Griffuelhes, qui a tenu la tribune pendant près de deux heures, il m'a fallu résumer mes arguments. Il est indispensable, pour la précision et la clarté des idées, de les exposer un peu plus nettement.

I. — APPRÉCIATION GÉNÉRALE SUR LA SITUATION DU PROLÉTARIAT.

Dans toutes les industries, dans tous les pays, partout, nous constatons de merveilleux progrès dans les conditions de la production et de la circulation des richesses. La science, associée aux capitaux, est devenue un des agents les plus puissants de transformation économique.

Il en résulte de rapides et profondes perturbations sociales, jetant le trouble, l'inquiétude dans la situation de l'ouvrier, au lendemain toujours plus incertain.

La brutale pénétration du machinisme, secondée par la disposition de forts capitaux, amène de véritables iniquités qui justifient les préoccupations du prolétariat international et expliquent les mesures de défense sociale qu'il prend en groupant ses forces jusqu'au-delà des frontières.

Il importe, du reste, de dire que la lutte pour la conquête d'un mieux-être n'est pas le privilège exclusif de notre époque. Les longues et pénibles étapes parcourues par l'humanité pour triompher de tous les obstacles naturels, de toutes les exploitations, de tous les despotismes, indiquent que de tout temps l'homme a combattu.

Il s'est ingénié à rechercher les meilleurs moyens de se procurer plus d'indépendance et plus de satisfactions matérielles et morales. L'histoire de ces luttes a aussi son martyrologe ; chaque jour augmente le nombre de ceux qui ont été sacrifiés au cours de la mêlée.

Mais pour n'envisager que les efforts accomplis depuis la période moderne, il suffit de rappeler la création des divers partis politiques, des écoles socialistes, leurs rivalités dans l'affirmation de leurs doctrines destinées à réaliser la transformation sociale par la conquête des pouvoirs publics ou par l'établissement du communisme pur.

Ces différents partis politiques, profondément divisés et impuissants, manifestaient également leur hostilité, avec les anarchistes, contre les organisations syndicales, considérées comme des clans aristocratiques.

Comme aujourd'hui, les partisans de ces multiples systèmes d'émancipation, étaient d'accord pour faire une rigoureuse critique de l'organisation sociale — et ce n'est pas difficile, — mais l'accord est moins possible en ce qui regarde le système de reconstruction, du moins pour ceux qui considèrent que l'on ne détruit que ce que l'on remplace, et je suis de ceux-là.

Aujourd'hui, toutes ces doctrines expriment une commune

opinion sur l'origine et la destination sociale de la richesse, produit du pénible labeur, des peines, des souffrances des innombrables générations passées.

La répartition, l'usage social de cette richesse qui doit nous conduire à la suppression de l'exploitation de l'homme, constitue alors l'opération la plus complexe, et c'est précisément sur le moyen de la réaliser que de nos jours, comme autrefois, les disciples des multiples systèmes se divisent, affirmant, les uns contre les autres, la supériorité de leurs méthodes ; coopérateurs, collectivistes, partisans de la conquête des pouvoirs publics, communistes autoritaires et communistes libertaires, positivistes, tous les représentants de ces diverses écoles croient à l'efficacité exclusive de leur solution et invoquent tous les lois sur lesquelles reposent les phénomènes sociologiques.

Et comment mettrons-nous d'accord les partis qui veulent réorganiser l'état social, les positivistes, les collectivistes, avec les anarchistes, qui se déclarent les irréductibles adversaires de tout gouvernement et surtout adversaires des collectivistes, partisans de la conquête des pouvoirs publics et de l'action souveraine de l'Etat. Les anarchistes veulent, au contraire, au nom de la liberté absolue des individus et de la libre satisfaction de tous leurs besoins, supprimer tous les organismes sociaux.

Il est inutile de nous arrêter sur la complète opposition maintes fois manifestée entre les partisans de la conquête des pouvoirs publics et les libertaires qui redoutent la tyrannie de l'Etat collectiviste.

La constatation de ces fortes divergences sur la meilleure solution du problème social, la longue et inévitable période durant laquelle la complexe expérimentation s'accomplira, l'effort immense et prolongé qu'exigera la lente pénétration d'une doctrine générale, tout démontre que personne ne peut indiquer ni le caractère ni la durée de cette période de difficile transformation.

Et enfin, il n'est pas permis de tenter des expériences sociologiques au même titre que des expériences de vivisection, de transmission du sang, d'injection de sérum, ou que des expériences de physique et de chimie. Les expériences en sociologie par des moyens violents, une tentative de transformation sociale par des procédés révolutionnaires peuvent coûter la vie à des milliers d'êtres humains sans pouvoir affirmer que le succès viendra couronner cette révolution. Il serait plus sage d'en prévoir l'échec certain.

Il apparaît donc avec une extrême évidence qu'il faut agir, qu'il faut se défendre, qu'il faut lutter tous les jours pour s'acheminer *d'une manière continue* vers un état social meilleur et définitif, s'il le devient jamais, jusqu'à la réalisation d'un système que l'expérience et les démonstrations de la science auront révélé comme le régime normal.

II. — ORGANISATION SYNDICALE, FÉDÉRATIONS DE MÉTIERS OU D'INDUSTRIE, BOURSES DU TRAVAIL.

Toutes les considérations qui précèdent nous amènent à conclure d'une façon irréfutable en faveur de l'organisation ouvrière, de la création d'une force collective groupant tous les travailleurs, quelles que soient leurs opinions politiques, sociales, religieuses. Leur titre de salariés est la cause de leur ralliement.

L'accord le plus complet existe dans le monde ouvrier international sur la nécessité de ce groupement syndical, fédératif; c'est là un des phénomènes les plus intéressants de notre époque. Mais cet accord n'est plus aussi complet si l'on envisage le rôle et les attributions de ces organisations.

Les salariés s'unissent indiscutablement en vue de conquérir plus de dignité, plus de bien-être, plus d'indépendance pour occuper leur place dans la société.

Ces résultats seront-ils obtenus par la seule et constante proclamation des principes révolutionnaires, en réservant les forces du prolétariat jusqu'au jour certain où l'organisation syndicale permettra d'accomplir une action générale et assurera l'avénement d'une société communiste ou d'une société positiviste?

Ou bien se placera-t-on sur un terrain moins théorique, plus pratique, pour la conquête d'améliorations quotidiennes?

Vaut-il mieux organiser la résistance aux abus, barrer la route au passé et marcher progressivement vers notre idéal?

Personnellement, je suis un partisan résolu de cette dernière méthode, estimant qu'à chaque jour suffit sa peine, et l'évolution s'accomplit, les idées se modifient d'une façon incessante par l'action de la propagande et des événements, par l'expérience des faits. Et c'est ainsi que je considère l'organisation syndicale comme une institution organique qui doit se perpétuer, et non comme un instrument de démolition sociale qui doit disparaître une fois son œuvre de déblaiement ou de démolition accomplie.

Voilà déjà une conception du rôle normal du syndicalisme qui me sépare des révolutionnaires purs. Mais ce n'est pas là une raison suffisante pour partager en deux camps ceux qui sont favorables à l'une ou à l'autre de ces deux théories, car je prétends que les travailleurs, quelles que soient leurs aspirations individuelles, quelles que soient leurs préférences pour telle ou telle doctrine, n'ont pas d'intérêt à se montrer exclusifs au point de négliger les améliorations partielles et successives qu'ils peuvent obtenir par l'organisation syndicale, par la lutte de tous les jours. C'est ainsi que dans la propagande accomplie par moi depuis plus de vingt-cinq ans, j'ai constamment indiqué quelle action pratique devait exercer le syndicat dans la vie ouvrière, à l'atelier, à l'usine et les améliorations qu'il devait poursuivre tout en respectant l'opinion des syndiqués.

Je vais donc exposer comment j'entends le rôle *actuel* des syndicats.

Action générale. — Contrairement à tout ce qui a été dit contre la Fédération du Livre, tous les propagandistes de cette organisation ont toujours considéré comme la première de leurs attributions de faire comprendre aux travailleurs syndiqués la nécessité de l'étude des questions professionnelles et sociales, et cela parce que leurs préoccupations doivent embrasser l'ensemble des intérêts ouvriers, afin d'être mieux armés pour la défense de leur cause auprès du patronat. C'est la base de leur éducation à laquelle doit contribuer le syndicalisme pour les préparer à mieux concevoir l'ensemble du problème social et à s'associer à la fois à une action corporative et à une action plus générale, collaborant ainsi à la modification de la société tout entière.

Contrat collectif du travail. — Une des attributions fondamentales des syndicats, des fédérations corporatives, aidés par les Bourses du travail, est précisément d'employer toutes leurs forces matérielles et morales pour l'établissement de contrats collectifs de travail, substituant ainsi l'action d'une forte organisation générale à l'initiative individuelle.

Par le contrat collectif du travail, il faut régler les salaires en les améliorant, les défendre contre toute tentative patronale d'abaissement, fixer en tendant toujours à la réduire la durée du travail, obtenir la suppression des heures supplémentaires, ou tout au moins leur rétribution supérieure lorsqu'elles sont inévitables; réagir contre les règlements d'atelier qui portent atteinte aux intérêts comme à la dignité des travailleurs.

Organisation du travail, la commandite, travail aux pièces. — Dans le contrat collectif, il faut faire entrer l'organisation du travail, afin de limiter, si l'on ne les supprime, les effets nuisibles du travail aux pièces. Aucune corporation, à ma connaissance, n'a réussi à organiser le travail en commandite comme l'a fait le Syndicat des typographes de Paris, système qui sauvegarde la liberté, les intérêts, l'égalité des avantages de tous les membres d'une équipe organisée en commandite. L'initiative du syndicalisme a, dans cette direction, un bel horizon ouvert.

Placement des syndiqués. — Seules les corporations organisées ont supprimé, sans l'intervention de la loi, les bureaux de placement. Et sans nul doute, l'intervention du législateur n'aurait pas été nécessaire pour la suppression (plutôt apparente que réelle de ces officines, si les corporations intéressées, si les organisations syndicales engagées avaient été suffisamment puissantes. Il y a, dans cette question du placement, une œuvre syndicale de premier ordre à accomplir.

Appui moral et financier. — Contrairement à toutes les affirmations des partisans de l'action révolutionnaire ou directe, je prétends qu'il appartient aux syndicats, aux fédérations d'assurer à leurs membres en grève les secours financiers qui écartent la misère des foyers ouvriers pendant la lutte maintiennent le courage, empêchent les défaillances. Certes, les fortes convictions syndicales donnent une valeur morale considérable dans la résistance ; mais elles doivent être soutenues par des secours matériels efficaces, et cela afin de ne pas faire un appel immédiat, dès la grève commencée, aux autres organisations et s'exposer plus souvent à un désastreux échec, dont les conséquences pourraient entraîner la disparition du syndicat et l'acceptation, par les grévistes, de conditions de travail plus mauvaises encore que celles qui ont motivé la grève.

C'est pour les mêmes motifs que les secours de chômage, de voyage, de maladie, de décès, sont utiles, non pour faire de la mutualité, comme on le prétend toujours, mais pour resserrer les liens qui unissent les syndiqués entre eux, pour consolider les organisations et assurer la fidélité de leurs membres dans les moments de combat.

Les Grèves. — Ce n'est pas le moment, bien que la chose soit intéressante, d'ouvrir le débat sur la valeur ou l'inutilité des grèves partielles. Mais il est utile d'indiquer le rôle nécessaire que le syndicat et les fédérations peuvent remplir lorsque les intérêts de leurs associés sont menacés. Je ne puis mieux faire pour démontrer l'action directe comme l'entend la Fédération du Livre, la pression constante qu'elle exerce sur les patrons dans les circonstances que relatent d'ailleurs les statuts fédératifs, que d'en reproduire un extrait, à titre de document authentique :

Seront considérés comme grévistes :

1º Les fédérés occupés dans une maison et auxquels on voudrait faire subir une réduction de salaire, telle que diminution du prix du mille ou du prix de l'heure, suppression des heures gratifiées, surcharges, ou astreints trop fréquemment à de longues veillées, etc., surcharges prévues par le tarif ou les usages de la section et habituellement payées dans la maison ou dans la localité ;

2º Les fédérés remplacés par des femmes dans les maisons où il n'en existe pas ;

— Dans les maisons où il y a des compositrices, les fédérés ne seront considérés comme grévistes que lorsque leur remplacement par ces dernières aura été précédé d'une proposition d'abaissement de salaire ;

3º Les fédérés qui se verraient dans l'obligation de faire grève par suite du refus de l'adoption ou de la modification d'un tarif dont la présentation aurait été autorisée par le Comité central ;

4º Les fédérés qui seraient débauchés et remplacés, dans leur travail et dans la maison où ils étaient occupés, par des femmes ou des jeunes gens ;

5º Les confrères *autorisés* à quitter le travail dans une maison qui ne respecte pas les dispositions du règlement de l'apprentissage (Bordeaux, 1899. — Paris, 1900) ;

6º Les confrères qui, autorisés par leur section, ayant déjà deux années de travail après leur apprentissage, auront réclamé le salaire minimum fixé par le tarif local ou la moyenne payée aux ouvriers et auront éprouvé un refus de la part du patron ;

7° Les fédérés qui perdraient leur travail à raison de leur qualité de fédérés, de leurs fonctions syndicales ou fédérales, ou pour avoir exécuté les décisions du bureau de la section ou du Comité central visant le respect des lois relatives aux accidents (retenues), du 30 mars 1900, ou toute autre disposition de loi applicable à l'industrie du livre. Les confrères qui se trouveraient dans les cas cités dans ce paragraphe ne seront considérés comme grévistes que si la preuve est faite qu'ils ont été remerciés pour ces motifs, et sur la déclaration signée des membres du bureau ou du receveur et de deux confrères de l'atelier où travaille l'intéressé.

Lorsqu'un syndiqué, qui aura défendu les intérêts professionnels ou aura rempli une mission syndicale, sera frappé soit de renvoi, soit d'amende ou de mise à pied, avec intention bien évidente d'atteindre le syndicat, le personnel de la maison, groupe ou équipe pourra demander son maintien en place.

En cas de refus du patron, le bureau préviendra le Comité central, qui, après examen, pourra décider de la mise-bas, suivant les dispositions des articles 16 et 17 ;

8° Les compositeurs fédérés qui perdront le travail à la suite de l'emploi de la machine à composer confiée à des apprentis, à des femmes ou à des sarrasins.

ART. 18. — Les sections qui demanderont la journée de dix heures, ainsi que la gratification à partir de la onzième heure, après entente avec le Comité central, seront soutenus moralement et financièrement.

C'est bien là, il me semble, exercer une action directe et constante : c'est du vrai syndicalisme, qui oblige les intéressés à s'associer à la lutte sous peine de radiation en cas de refus, lorsque les patrons tombent sous le coup de l'application de l'une des dispositions statutaires.

La corporation du Livre ne pourrait que gagner en mettant sa tactique en parallèle avec celle de certains syndicats qui permettent à leurs membres de travailler au-dessous du tarif ou qui ne leur font observer aucune règle uniforme de conduite.

Apprentissage. — Le rôle des syndicats, des Fédérations, des Bourses du travail peut être extrêmement précieux et utile pour la surveillance et le perfectionnement de l'apprentissage dans la plupart des corporations.

L'organisation des cours professionnels a été l'un des buts poursuivis par plusieurs Bourses du travail, par nombre de syndicats ; la plupart ont compris que des ouvriers habiles dont l'éducation technique aura été améliorée par des camarades d'atelier, deviendront d'excellents compagnons de lutte, sachant revendiquer le salaire qui leur est dû.

Le camarade Griffuelhes, à cette occasion, a reproché au *Conseil supérieur du travail* de n'avoir rien fait de pratique, d'être une institution inutile et impuissante. Il lui reproche encore d'avoir fait une œuvre mauvaise en s'occupant de la question de l'apprentissage dans un sens plutôt nuisible aux enfants des prolétaires, par l'adoption d'un vœu exigeant l'application du contrat d'apprentissage et la limitation du nombre des apprentis proportionnellement au nombre des ouvriers occupés dans un atelier ou dans une industrie. Et, à ce propos, il condamne les conclusions du rapport de Briat en faisant à celui-ci un grief de les avoir acceptées.

Pour mon compte, je n'ai jamais considéré le *Conseil supérieur du Travail* comme une institution qui devait légiférer et assurer la transformation sociale. Je fais partie du Conseil supérieur du travail seulement parce que mes camarades m'y ont envoyé; et depuis que j'y suis, je n'ai pas trouvé que la besogne qui s'y fait soit inutile.

Les appréciations de Griffuelhes, en ce qui concerne l'apprentissage, peuvent être fondées en principe, car il est exact que la limitation du nombre des apprentis est la conséquence d'un égoïsme corporatif ou collectif, qui existe comme l'égoïsme individuel. Mais il s'explique très facilement lorsque l'on constate dans beaucoup de professions à quelle honteuse exploitation sont livrés les apprentis, qui deviennent souvent des malheureux une fois leur apprentissage terminé, parce que la situation générale de leur industrie ne permet pas l'emploi de leurs bras.

On fait un grief aux travailleurs du Livre de s'être défendus contre l'exploitation des apprentis, source de tant de misères. Mais combien d'autres corporations agissent de même et veulent arriver à remédier à cette plaie par les mêmes moyens !

Les lithographes, les ouvriers en instruments de précision, les menuisiers, les peintres, les tailleurs, les gantiers, les fondeurs, les conducteurs, les stéréotypeurs, et combien d'autres, ont réagi ou cherchent à réagir pour mettre un frein à cette exploitation !

Quant à Briat, que peut-on lui reprocher ? N'est-il pas le candidat des Bourses du travail ? Que ne lui ont-elles donné un mandat bien déterminé sur cette question de l'apprentissage ? Et, de plus, la conclusion du Conseil n'a été que le résultat d'une grande enquête auprès des Conseils de prud'hommes ouvriers et patronaux. Donc, les appréciations de Griffuelhes ne me semblent pas justifiées, car, à différentes reprises, le Conseil supérieur du Travail s'est occupé de questions fort intéressantes et dont quelques-unes ont pris corps et peuvent rendre service au prolétariat.

Solidarité corporative et générale. — Aucune organisation, mieux que les syndicats et les fédérations, ne développe l'esprit de solidarité, non-seulement en faveur de leurs membres, mais aussi au bénéfice des non-syndiqués d'une même profession et envers les travailleurs en général. La Fédération du Livre en a été, depuis bientôt vingt-cinq ans, un continuel exemple, et elle n'a cessé d'agir en vue de développer cet esprit parmi ses adhérents. A son actif, il y a plus que des théories, il y a des actes. Le développement de l'esprit de solidarité est une des attributions les plus importantes des organisations ouvrières.

Dignité, indépendance des syndiqués. — Avant et depuis la promulgation de la loi sur les syndicats professionnels, les membres des syndicats ont dû défendre leur liberté contre les actes arbitraires, contre l'intolérance patronale, ayant pour but de détruire les syndicats, de réduire à l'impuissance les militants énergiques ou entreprenants.

Les syndicats devant grouper tous les salariés, quelles que soient leurs opinions politiques, sociales, religieuses, il leur appartient d'assurer à leurs membres une entière indépendance d'opinion, de protéger leur dignité à l'atelier, et, par cette protection, leur permettre d'agir avec plus d'assurance et d'activité. — C'est ainsi que la Fédération du Livre soutient moralement et financièrement ses membres lorsqu'ils sont victimes de leurs idées syndicales, politiques ou philosophiques. C'est une garantie que leur doit le syndicat. Cette solidarité se manifeste souvent par des actes collectifs.

Telles sont les attributions normales, importantes des syndicats, sans que j'ai encore parlé de cette grave question du travail industriel de la femme ; il réserve une tâche importante, aux ouvriers organisés (1).

Application des lois sociales. — Il reste une dernière attribution, utile, nécessaire suivant moi, c'est de veiller à l'application plus rigoureuse de certaines lois, autant par la pression sur le législateur, sur les fonctionnaires publics, que sur les patrons. Et en affirmant ce rôle des syndicats, de l'opinion ouvrière, je vais me mettre en opposition avec les partisans de l'action directe, avec les libertaires, qui sont les inflexibles adversaires de l'intervention légale ou de l'Etat.

Il importe donc que je fasse ici une déclaration de principe et que j'explique ensuite dans quel sens doit s'exercer l'action syndicaliste à l'égard de certaines lois.

Sur cette question, comme sur bien d'autres, on ne doit pas être absolu, mais se montrer *relatif* et employer tous les moyens qui peuvent servir la cause des faibles.

Mon opinion sur le caractère de l'intervention de l'Etat a toujours été très nette et je n'ai pas varié ; depuis que je fais de la propagande dans tous les pays et même à l'étranger, toujours j'ai proclamé que je n'avais qu'une confiance tout à fait relative en l'action purement légale. mais sans la repousser ; pour cela j'ai toujours signalé le danger qu'il y aurait pour le prolétariat à faire reposer toutes ses espérances sur l'action des pouvoirs publics et à paralyser ainsi toute son initiative et son intervention effective dans la lutte sociale.

Mais, cette réserve faite, il est des circonstances où l'interven-

---

(1) Obligé d'abréger mon exposé en raison de l'heure tardive à laquelle j'ai pu prendre la parole, il m'a été impossible d'indiquer le rôle des syndicats sur cette passionnante question. Sans être partisan du travail industriel des femmes en raison des conséquences sociales qu'il entraîne, je reconnais cependant qu'il est de nombreuses femmes qui sont obligées de travailler. Les syndicats ont donc le devoir de combattre l'avilissement des salaires par la main-d'œuvre féminine et de faire respecter ce principe : *à travail égal, salaire égal.*

tion de la loi peut apporter de réelles améliorations et donner un caractère général aux réformes réclamées par le public et votées par le Parlement.

La loi sur la protection du travail des femmes et des enfants, qui a subi des modifications fréquentes et heureuses depuis les premières dispositions législatives de 1841 et 1874, a réalisé d'indéniables améliorations en faveur des faibles.

Il en est de même de la loi sur la suppression des livrets ouvriers, de la loi sur l'enseignement primaire obligatoire, de la loi sur les Conseils de prud'hommes (tribunaux mixtes où se rencontrent patrons et socialistes de toutes les écoles), de la loi sur l'hygiène dans les ateliers, usines, bureaux, etc.

L'intervention active des syndicats, la fermeté de leurs membres, l'action de l'opinion peuvent incontestablement compléter l'œuvre de la législation.

Et la loi sur les accidents, malgré ses imperfections, peut-on en contester l'utilité, les avantages qu'en retirent les travailleurs? Et par l'initiative des organisations syndicales, ne peut-on espérer obtenir la modification de ces lois et en poursuivre l'application plus rigoureuse?

Enfin, les décrets relatifs aux adjudications, la loi sur les bureaux de placement, si bruyamment réclamée par les anarchistes de la *Confédération du Travail*, ne doivent-ils pas rendre des services aux corporations intéressées? Si la loi est inutile, selon les adversaires de l'intervention parlementaire, pourquoi alors avoir fait tant d'agitation pour en obtenir le vote et tant de démarches auprès des pouvoirs publics pour en assurer l'application?

Et la suppression par décrets du phosphore blanc, de l'emploi du blanc de céruse, n'a-t-elle pas contribué à protéger la santé des ouvriers? Ce même résultat aurait-il été obtenu en suivant le conseil donné par un libertaire, celui de refuser le travail? Il suffit de réfléchir un instant pour se rendre compte de la puérilité actuelle d'une pareille recommandation qui exigerait, pour être efficace, une opinion publique organisée, mieux orientée, et des citoyens manifestant plus de courage civique, si rare aujourd'hui dans tous les milieux!

Dans tout le fatras de notre vieille jurisprudence, dans l'inextricable dédale de nos lois, inspirées par le vieux droit romain, il y aurait plus de suppressions à faire qu'à y ajouter des textes nouveaux. Mais, malgré cela, on ne peut nier que d'excellentes dispositions législatives peuvent être prises pour sauvegarder et améliorer les conditions sociales des travailleurs.

Et, d'ailleurs, si je voulais entrer dans la voie des citations, je pourrais mentionner que presque toutes les corporations, — même celles qui passent pour les plus révolutionnaires, qui affectent des allures anarchistes, — revendiquent le concours de la loi, l'intervention de l'Etat ou des pouvoirs publics. Les statuts de toutes ces corporations contiennent des articles où sont récla-

més la limitation de la durée du travail, le minimum du salaire (1),
l'application de la loi sur les accidents, la modification du recrute-
ment des inspecteurs du travail, la loi sur l'hygiène des ateliers
et usines, sur la prud'hommie, etc., etc.

Qu'on le veuille ou non, il y a une double action à exercer par
le syndicalisme, et cela sans que les syndicats acceptent une
cocarde politique quelconque, en se plaçant exclusivement au
point de vue des intérêts économiques du prolétariat, sans paralyser en aucune façon son absolue liberté.

Voilà, camarades, comment je conçois le rôle pratique normal
des syndicats, des fédérations, les attributions qu'ils ont à
exercer.

L'avenir seul nous dira si un rôle plus considérable leur sera
réservé, si cette conception des libertaires, qui consiste à attribuer
aux groupements ouvriers la colossale et si difficile fonction générale de la création et de la répartition des produits, de la richesse
sociale, de l'éducation complète des individus, une des plus déli-
cates opérations sociales ; si toutes ces opérations pourront être
l'œuvre exclusive des organisations ouvrières, une fois la vieille
société renversée.

Pour mon compte, je ne le crois pas ; je pense, au contraire,
que ces multiples résultats ne seront obtenus que par l'intervention d'organismes régénérés par une doctrine nouvelle et dont
l'action collective sera convergente.

La Méthode d'action. — J'arrive maintenant à la dernière
partie de la controverse, mais aussi celle qui soulève la plus
grande agitation, les plus passionnantes critiques dans le monde
ouvrier, c'est la méthode d'action que doivent suivre les syndicats.

Je vais être aussi catégorique que possible.

En général, l'initiative des syndicats doit être constamment en
éveil, leur vigilance de tous les instants pour résister aux abus,
pour réclamer des améliorations, pour conquérir une situation
sociale meilleure.

Mais alors, de quelle manière faut-il intervenir chaque fois que
des conflits peuvent se produire, lorsqu'il s'agit de modifier les
conditions du travail, que ces modifications émanent de l'initiative ouvrière ou de l'initiative patronale ?

Faut-il immédiatement prendre l'offensive et, par un ultima-
tum, déclarer la grève ? Faut-il tout de suite déchaîner la guerre
entre les deux parties en présence, les travailleurs et les
employeurs ?

La tactique employée par les travailleurs du livre, je tiens à le
proclamer hautement, est d'intervenir d'abord par des démarches, par des délégations, par des voies conciliantes, pour
obtenir satisfaction, pour décider les patrons à accorder les
réformes qui font l'objet du litige, du désaccord.

Je sais bien que cette tactique a été l'objet des critiques les plus acerbes de la part de nos adversaires, des théoriciens de l'action directe : ils trouvent que c'est émasculer l'énergie ouvrière et manquer de fierté.

Ce sont là des accusations gratuites, sans justification, car toujours la corporation du livre a défendu avec ses propres forces, avec des camarades sortis de ses rangs, les intérêts des fédérés, sans l'immixion d'aucun parti ni d'aucun homme politique.

Agir ainsi, par l'intervention de délégués de la profession, c'est s'assurer le concours d'hommes ayant la compétence technique nécessaire et jouissant d'une entière indépendance.

Il semblerait, à entendre les partisans de l'action directe ou violente à l'occasion, que leur méthode soit la seule efficace, génératrice de résultats certains et durables. Et, mieux que cela, ils reprochent aux partisans du syndicalisme méthodique et pacifique de favoriser la consolidation du patronat, parce qu'ils ne proclament pas tous les jours la révolution, et qu'en discutant avec les patrons, c'est reconnaître leur existence et perpétuer leur exploitation.

Le vrai syndicalisme, suivant eux, consiste surtout à établir la lutte de classe, et son action doit être la révolte permanente préparant la voie à la grève générale expropriatrice et violente.

Mais, camarades, ce serait une erreur de croire que nous n'avons pas éprouvé, comme les anarchistes ou comme les autres socialistes, les mêmes sentiments de révolte devant la dureté de tant de patrons ; mais si nous ne nous sommes pas laissés aller aux pires violences, c'est parce que nous avons toujours cru, et nous le croyons encore, que la violence appelle inévitablement la violence, dont les travailleurs supporteront les terribles conséquences.

La méthode réformiste, puisqu'on l'appelle ainsi, ne consiste pas à attendre le moment favorable de faire la révolution, mais de revendiquer et d'*obtenir par la grève* ce que les patrons ne veulent pas accorder à la suite de la discussion et de la démonstration de la légimité des revendications formulées.

C'est à la suite de l'échec des premières négociations par conciliation que nous déclarons la grève *partielle* ou *générale* dans la localité, et alors nous y apportons toute l'énergie nécessaire, sans violence cependant, et nous accordons à nos adhérents une indemnité de 3 fr. 50 par jour pendant trois mois.

Nous soutenons la grève avec ses conséquences, même si nos camarades sont obligés d'émigrer, de quitter la localité !

Est-ce là de l'action directe, oui ou non ? Est-ce la lutte sérieuse contre le patronat ? N'employons-nous pas la résistance énergique pour arracher des réformes, des améliorations, pour diminuer, dans le sens indiqué par Griffuelhes, quelques prérogatives des patrons, pour diminuer, quoi qu'il en ait dit, leurs bénéfices sans nuire aux consommateurs ?

Car si la théorie de Griffuelhes sur la soi-disant répercussion des améliorations exigées des patrons au détriment des consommateurs était rigoureusement vraie, il *faudrait renoncer à toute réduction des heures du travail, à toute transformation partielle et successive jusqu'au jour du grand chambardement de la société !*

Je conteste l'exactitude et la valeur de cette manière d'apprécier l'action syndicale.

Griffuelhes, pour justifier la tactique des syndicalistes révolutionnaires français, a cité la statistique des grèves publiée par le *Bulletin de l'Office du Travail* et il a montré qu'en France, malgré une organisation syndicale beaucoup moins puissante qu'en Allemagne, par exemple, la réussite des grèves était plus fréquemment obtenue, et cela, a-t-il affirmé, est dû à l'action directe révolutionnaire, à la vigueur de la résistance spontanée.

Et en citant ses chiffres, pour établir la proportion des succès obtenus en France contre ceux obtenus en Allemagne, le camarade Griffuelhes considérait les *transactions* comme une réussite, comme une amélioration au bénéfice des ouvriers.

Mais si cette affirmation de Griffuelhes est exacte, et je suis de cet avis, il n'a pas aperçu qu'il détruisait par là tout son système de la lutte irréductible contre le patronat, et que ces révolutionnaires français agissaient et agissent en réalité comme de vulgaires typos, comme de simples réformistes, qui considèrent ces transactions comme une conciliation entre deux intérêts opposés, mais par laquelle, en fait, il y a profit seulement pour les salariés.

C'est un excellent argument en faveur de l'efficacité de la méthode réformiste.

Les critiques adressées à la Fédération du Livre et aux corporations qui suivent la même tactique ne sont donc pas méritées, et voici pourquoi :

En premier lieu, on ne peut prétendre employer les mêmes moyens d'action dans toutes les corporations, dans toutes les circonstances; c'est pourquoi je considère que les Travailleurs du Livre ont des raisons d'agir comme ils le font à cause de la situation toute spéciale de leur industrie; mais il se peut que dans des cas déterminés, ou dans certaines corporations les moyens d'action soient plus énergiques, plus violents, sans affirmer qu'ils soient pour cela plus efficaces.

En second lieu, je nie que les satisfactions obtenues par les moyens violents, par l'intransigeance des procédés, soient durables, et, en tout cas, cette violence, cette pression brutale entraîne de grosses responsabilités pour les *dirigeants* ouvriers — le mot ne me choque pas, il est adéquat à la théorie du rôle des minorités.

L'emploi de l'action directe, qui va jusqu'à la violence contre les individus ou les choses, entraîne inévitablement des conséquences matérielles, morales et sociales extrêmement graves : pour un succès souvent apparent, la réaction se manifeste, les forces ouvrières se désagrègent et livrent, impuissants, les travailleurs entre les mains patronales ou en font des victimes de la magistrature rétrograde (1).

Examinons de plus près ce qu'est réellement l'action directe, voyons ce que font ceux qui la préconisent, en se proclamant comme les plus dévoués champions de la cause du prolétariat.

Après cette violente agitation pour la suppression des bureaux de placement, après l'échauffourée de la Bourse du travail, n'a-t-on pas vu se promener dans les couloirs de la Chambre, dans les antichambres des ministères, les pontifes de cette action directe, réclamant l'intervention des députés et des pouvoirs publics tant honnis ?

Dans la dernière période électorale municipale de Paris, n'a-t-on pas vu les délégués de l'Alimentation, membres autorisés du Comité condéral, accepter le mandat de se répandre dans les réunions publiques et d'exiger des candidats la promesse de demander la suppression des bureaux de placement et le vote de l'indemnité nécessaire à la liquidation de ces officines ?

Ce n'est pas là, j'imagine, la sanction des fameuses critiques contre l'intervention parlementaire !

Mais il y a mieux.

Tout le monde a encore dans l'esprit les récentes brutalités policières qui ont eu lieu à la Bourse du travail, les légitimes protestations qui se sont élevées dans tout le prolétariat français. Eh bien ! nous avons vu des camarades, farouches révolutionnaires, fervents partisans de l'action directe, aller ensuite en délégation chez M. Lépine, faisant mieux que de vulgaires réformistes ! J'avoue que je n'ai jamais mis les pieds dans cette galère !

Et qui ne se souvient de la lettre adressée à M. Combes par un des plus ardents camarades du Comité confédéral et dans laquelle il assurait M. le Président du Conseil de l'éternelle reconnaissance du prolétariat s'il voulait user de son autorité et de son influence pour lever les dernières résistances de l'administration préfectorale à propos de la suppression des bureaux de placement !

Un autre exemple, pour terminer, à propos de la récente grève des boulangers. Les délégués du syndicat de cette profession sont-ils allés formuler leurs revendications avec la torche flambante d'une main et le poignard au clair de l'autre ? Pas le moins du monde ! Ils ont été discuter avec le syndicat des patrons boulangers, et une note publiée dans la Presse, comme *preuve d'esprit de conciliation* de la part du syndicat ouvrier, dont le camarade Bousquet était le porte-parole, informait le public que les syndiqués boulangers travailleraient chez les patrons qui accepteraient le tarif, et cela sans attendre que le tarif fût accepté par

---

(1) La typographie parisienne paie encore chèrement aujourd'hui la lutte intransigeante qu'elle a cependant soutenue courageusement en 1878, et au prix des plus lourds sacrifices. C'est un exemple à citer avec tant d'autres.

tous les boulangers ! Il faut avouer que c'est là de l'action directe bien anodine !

On ne saurait être plus conciliant.

Le camarade Griffuelhes lui-même n'a-t-il pas déclaré que l'action directe ne signifie pas violence ? Et alors, quelle différence y a-t-il avec la méthode que je ne cesse de propager et de défendre ?

A mon avis, il ne suffit pas de proclamer l'action directe révolutionnaire pour la galerie : ou ce n'est que de la surenchère et on énerve avec cela les espérances du prolétariat en lui annonçant une révolution qui ne vient pas; ou il faut catégoriquement justifier le caractère révolutionnaire de l'action directe, de la méthode violente, de l'expropriation capitaliste qui va jusqu'à la révolution et sacrifier sa propre existence, en véritable apôtre de la Révolution.

Si les partisans de l'action directe n'aboutissent pas à ces conclusions logiques, ils doivent sincèrement reconnaître ce fait : que tout en proclamant cette méthode d'action, ils agissent en réalité exactement de la même manière que les syndicalistes réformistes, ils vont discuter avec les patrons, ils acceptent des concessions (voir Hennebont, Fromelennes, les boulangers et bien d'autres exemples), et autant, sinon plus que nous ils recourent à l'intervention des hommes politiques, des fonctionnaires; ils réclament l'application de lois ouvrières, le concours de l'État. Pour cela, on entend exercer une pression sur ces divers pouvoirs, une pression à laquelle on veut donner l'apparence d'une action violente en la qualifiant d'énergique et qui est tout simplement pacifique.

Mais cette pression, c'est-à-dire cette action syndicaliste avec le concours de l'opinion publique, nous l'acceptons, nous la pratiquons même dans l'industrie du livre depuis plus d'un demi-siècle.

Quant à l'action purement révolutionnaire ou violente comme la préconisent quelquefois avec discrétion les anarchistes, je suis de ceux qui la répudient sans prétendre que nous n'aurons plus de révolution. Des circonstances imprévues peuvent la provoquer et alors ce n'est le privilège exclusif d'aucune catégorie de militants, d'aucun parti, de se jeter dans la mêlée et de recevoir des coups.

L'affirmation de la nécessité de l'emploi de la force ou de la violence comme moyen de lutte, comme action directe, constitue un autre danger pour les organisations ouvrières : elle écarte des syndicats de nombreux ouvriers qui préfèrent une existence médiocre et tranquille à la perspective d'une amélioration, incertaine au moyen de la méthode révolutionnaire, avec ses risques de transformation sociale. La masse est plutôt inerte et indifférente que décidée à l'action avec ses satisfactions, ses soucis et ses déboires.

La richesse organisée est plus puissante que le nombre agissant sans cohésion.

Et le cas de Cluses, de ce misérable assassinat qu'on ne saurait trop flétrir, n'indique-t-il pas où peut pousser la peur ou la haine dans les représailles ! Et que serait-ce si ces mœurs pénétraient dans la vie industrielle, dans nos luttes économiques !

III. — CONCLUSION.

Il y a une distinction à établir, je le reconnais volontiers, entre le but poursuivi par les partisans de l'action directe, les libertaires, et par les syndicalistes réformistes. Griffuelhes l'a indiquée : les syndicalistes libertaires ne sont syndiqués que pour arriver à la suppression de tous les organismes sociaux, tout ce qu'ils considèrent comme une entrave à la liberté individuelle, faisant ainsi table rase de la société actuelle pour y établir le communisme le plus complet.

Personnellement, je n'ai pas foi en ce système ; c'est pourquoi je suis partisan du syndicalisme organique, pacifique, qui poursuit, par une action constante, une organisation sociale plus parfaite en respectant la liberté des individus. Il est nécessaire de compter avec l'expérience quotidienne apportée par la science, pour nous conduire graduellement vers le régime final qui assurera à tous plus de bonheur et de sécurité.

Les réformes ainsi obtenues seront plus durables, plus sûres, et il y aura moins de désillusions que dans l'annonce d'une prochaine et triomphante révolution qui accomplira le miracle de l'instauration, par un mouvement violent et sous le bouillonnement de toutes les passions, d'une société de complète harmonie et d'infaillible justice.

C'est dans ce sens, camarades, que j'ai tenu à affirmer ma foi syndicale. Et mon exposé serait incomplet si je ne me rappelais ce que je ne cesse de dire partout, et les lectures que je viens de faire m'ont rappelé que le camarade Pelloutier, avec qui j'avais les plus cordiales relations, partageait cette opinion : l'organisation des syndicats avec des effectifs nombreux ne suffit pas pour marcher au succès et atteindre le but ; il importe par-dessus tout que les syndiqués acquièrent une valeur personnelle, qu'ils poursuivent avec constance leur culture intellectuelle et morale, afin de devenir des agents de véritable action sociale, d'une initiative généreuse, inspirés par un sincère altruisme. Ils seront ainsi mieux préparés pour collaborer à cette œuvre d'émancipation, à laquelle les Bourses du travail pourront coopérer en assurant le concours de tout le prolétariat syndicaliste.

Les Bourses du travail ont un rôle général à remplir : elles doivent contribuer à la création, au développement des organisations ouvrières. Elles ont pour mission de concentrer les forces syndicales et de contribuer, suivant la valeur de ceux qui y exercent des fonctions ou une influence, à leur éducation corporative et sociale, et les préparer ainsi à la mission que l'avenir leur réserve.

Jusqu'à ce que ce résultat soit atteint, il faut organiser les corporations, il faut permettre au syndicalisme de combattre de plus en plus l'exploitation de l'homme, et permettre, suivant les tendances spéciales des individus ou des groupes, de conquérir la liberté, la satisfaction des besoins matériels, intellectuels et moraux.

Ainsi s'accomplira, par l'effort incessant du prolétariat, des savants, des philosophes, cette transformation de notre société mauvaise, transformation à laquelle toutes les générations apportent leur part de labeur et de sacrifices ; c'est ainsi que s'opèrera la Révolution, que d'autres appellent la Rénovation.

Comme suite à la conférence Griffuelhes-Keufer, vient naturellement se placer ici notre réponse au grief si souvent formulé contre nous de constitution ou de tentatives de constitution de syndicats patronaux par les délégués de la Fédération du Livre, de même que la justification de l'attitude prise par le Comité central au sujet de la constitution dans toutes nos sections où cela est possible, de Commissions mixtes chargées de solutionner, autant que faire se pourra, les différends qui pourraient surgir dans leurs localités.

Que de fois nous a-t-on reproché, soit dans la *Voix du Peuple*, soit au Comité confédéral, voire même au Congrès de Bourges, d'aider à l'organisation syndicale du patronat et par là même de manquer à nos devoirs.

Que pourrions-nous bien objecter pour notre défense ? Oh ! c'est bien simple ; les meilleurs arguments propres à servir notre cause, nous allons les emprunter à ceux qui se dressent contre nous comme les seuls détenteurs des moyens efficaces de lutte contre le patronat, à ceux qui se réclament constamment de l'action directe ou révolutionnaire !

Il nous souvient qu'à une séance du Comité confédéral, pendant l'hiver dernier, alors que le reproche cité plus haut nous était servi une fois de plus, nous demandions au camarade qui représente le Textile à la Confédération du travail, quelle avait été la tactique de son organisation lors d'un récent conflit avec les patrons de cette industrie ? Si cette organisation, pour obtenir des résultats, n'avait pas essayé de grouper les patrons ?

Et le camarade en question de nous répondre, en toute candeur et en toute bonne foi, que, dans les pourparlers qu'ils avaient engagés pour obtenir des patrons la signature d'un tarif, il leur avait bien fallu arriver à les réunir tous, puisque, quand ils avaient été les trouver individuellement, aucun d'eux n'avait voulu s'engager, de crainte que ses concurrents n'adhèrent pas aux revendications qui lui étaient présentées. Et les camarades chargés de représenter les ouvriers ayant enfin persuadé les patrons de se réunir pour discuter avec eux, un tarif put être élaboré et fut accepté par les patrons. Plus tard, les patrons ayant repris leurs habitudes d'isolement, les camarades du textile avaient toutes sortes de difficultés à surmonter pour obtenir le respect de ce tarif.

A la suite de cet aveu, dénué d'artifice, un autre camarade dont on ne peut suspecter les opinions révolutionnaires, le camarade Bousquet, représentant de la Fédération de l'Alimentation, déclara que si les limonadiers de Toulouse, lors de leur première grève, avaient obtenu de sérieuses améliorations, cela tenait à ce que les patrons avaient un syndicat sérieux et bien organisé et que ce syndicat s'étant dissous, lors de la seconde grève qui eut lieu tout dernièrement, nos camarades limonadiers, malgré leur attitude énergique et leur belle vaillance dans la lutte, n'avaient pu réussir à faire accepter leurs revendications, parce qu'ils ne se trouvaient plus qu'en face de patrons isolés qui se dérobaient à qui mieux mieux.

Que restait-il donc alors de ce reproche que nous avions toujours essuyé? Pouvions-nous faire mieux que de prendre acte des paroles de nos deux camarades, en constatant qu'ils agissaient exactement comme nous, pour les mêmes causes que nous et que, pour leur faire plaisir, ce qu'on avait été jusqu'à qualifier de jaunisme en ce qui nous concernait, devait être toléré ou qualifié de révolutionnarisme de leur côté.

Enfin, pour en terminer, disons quelques mots des Commissions mixtes. Certes, nous n'ignorons pas que les services qu'on peut attendre de la constitution de semblables rouages sont limités, mais lors même que ces Commissions borneraient leur utilité à faire observer la stricte exécution des conventions conclues entre patrons et ouvriers, n'y aurait-il pas là la justification de leur existence?

Et nous savons bien, et nos contradicteurs aussi, que le champ d'action des Commissions mixtes est plus vaste et que leur activité peut s'exercer pour le plus grand profit des parties en cause, soit pour établir les tarifs, pour réglementer l'apprentissage, soit pour étudier les moyens de combattre la concurrence, si désastreuse pour les ouvriers surtout, soit pour l'application des lois sur les accidents, l'hygiène, etc., etc.

La vérité, c'est que là encore, les organisations qui se réclament de l'action directe, lorsqu'il s'agit de consolider ou de maintenir des résultats acquis, soit par des négociations engagées avec les patrons, soit par la grève, imitent notre manière de procéder et confient à des Commissions composées par moitié de patrons et d'ouvriers le soin de trancher les difficultés qui viendraient à se produire dans l'exécution des contrats passés entre les deux parties.

Nous n'en citerons qu'un exemple typique et irréfutable. Lors de la conclusion de la grève parisienne de la voiture, au commencement de cette année, la convention acceptée de part et d'autre, et qui mettait fin au conflit, fut élaborée par une commission mixte patronale et ouvrière et insérée dans tous les journaux. On y pouvait lire notamment une clause confiant à une Commission composée de patrons et d'ouvriers le soin d'aplanir toutes les difficultés et de trancher toutes les contestations pouvant surgir au sujet de l'application de la convention. De plus, quelques jours après la reprise du travail, ce sont les ouvriers qui réclamèrent une première réunion de la Commission mixte, prévue au contrat; elle mettait fin à la grève, sous le prétexte que certains patrons ne remplissaient pas les engagements acceptés.

Certes, le mot *mixte* ne figure pas, mais la chose n'en existe pas moins et cela nous suffit pour constater une fois de plus, et ce sera notre conclusion sur ce sujet, que syndicalistes réformistes et révolutionnaires sont bien obligés de suivre la méthode capable d'amener d'abord, de maintenir ensuite, des améliorations sérieuses à la situation si souvent précaire de ceux qui leur ont confié la défense de leurs intérêts.

Nous sommes loin de blâmer les corporations dont nous venons de citer la conduite; mais pourquoi nous reproche-t-on notre attitude, pourquoi ce qui est bon dans une corporation est-il répréhensible dans la Fédération du livre? C'est contre de tels procédés que nous avons le droit de nous élever, et nous revendiquons notre absolue indépendance.

Pour finir sur ce point, disons que les rédacteurs de la *Voix du Peuple* et leurs amis sont restés muets sur ces faits, pourtant rigoureusement exacts et affirmés dans ledit journal par les représentants de l'industrie textile, notamment. Il est vrai qu'il ne s'agissait pas de la Fédération du livre !

LE CONGRÈS DE BOURGES

La suite donnée à la protestation de la Fédération du Livre n'était pas de nature à donner satisfaction à celle-ci, d'autant plus que si les attaques directes envers nous avaient cessé dans une certaine mesure, on ne se faisait pas faute de continuer, par des allusions perfides, des insinuations malveillantes, la campagne de dénigrement systématique ouverte contre nous.

Le Congrès de Bourges approchant, chacun prévoyait qu'un grand débat y serait ouvert sur cette question.

Ce qui eut lieu en effet. La discussion du rapport du Comité confédéral occupa trois longues séances, dans lesquelles la Fédération du Livre, sa tactique, ses conceptions, sa manière de procéder, ses actes, furent passés au crible par des délégués mal documentés, mais d'autant plus hostiles.

Nous aurions été désireux de reproduire cette discussion, mais, outre qu'elle aurait dépassé le cadre forcément restreint de cette brochure, on y aurait retrouvé la plupart des griefs formulés contre nous dans la polémique Pouget-Keufer et dans la discussion de notre protestation.

Nous renouvelons le conseil donné à nos lecteurs dans le préambule de cette publication de consulter la brochure du Congrès, ainsi que le compte rendu qu'en a publié le confrère Guénard dans la *Typographie* des 16 octobre, 1er et 16 novembre 1904 et celui de Villeval père, *Typographie* du 16 janvier 1905.

Ils y verront avec quel parti-pris, avec quelle mauvaise foi chez quelques-uns, quelle ignorance des conditions dans lesquelles la Fédération du Livre se trouve placée, ont été jugées sa tactique et sa méthode d'action.

On est allé jusqu'à accuser un de nos fonctionnaires de Rennes de participer à la constitution de syndicats jaunes. Il est vrai qu'une très timide rectification sur ce point a été faite au Congrès, mais de quelle façon a-t-elle été faite dans la brochure du Congrès ? Alors que l'accusation, malgré sa fausseté, a été mise tout au long dans le compte rendu de la *Voix du Peuple*, la rectification a été dissimulée dans un bas de colonne de la 4ᵉ page, *et dans un numéro suivant* après réclamation. Quant à la brochure du Congrès, elle en fait une mention très obscure, si bien qu'aujourd'hui ceux qui nous jugeront après la lecture de cette brochure auront la conviction que l'accusation portée si légèrement à la tribune contre nos camarades de Rennes n'a pas été démentie et qu'en conséquence elle doit être exacte. Quels moyens déloyaux !

Que dirait-on de nous, si nous nous permettions de critiquer ce qui se passe dans les autres organisations, de juger leur façon de faire, alors que, — comme les censeurs qui nous dénigrent, — nous ignorons l'organisation intérieure des corporations et que nous ne connaissons rien des conditions dans lesquelles se débattent leurs industries respectives ?

Nous estimons, et nous ne l'avons jamais laissé ignorer, que chaque corporation doit rester seule juge de la méthode d'action à employer pour défendre les intérêts qui lui sont confiés, à la seule condition de remplir ses devoirs de solidarité vis-à-vis des autres corporations. A ces devoirs, nous n'avons jamais failli.

Extraits de PAGES LIBRES

A la suite du Congrès de Bourges, la Fédération du Livre et son Comité central furent pris à partie par une publication qui se donne des allures d'éclectisme et d'impartialité. La lecture des documents ci-après permettra de juger.

Voici d'abord l'article paru dans *Pages Libres*, le 15 octobre 1904, et intitulé :

Les Syndicalistes révolutionnaires.

A plusieurs reprises nous avons attiré l'attention sur les syndicats révolutionnaires, disant que, s'ils n'avaient peut-être pas grande force encore, ils semblaient cependant devoir exercer sur le mouvement ouvrier en France une influence considérable, et constituer peut-être un jour un parti ouvrier d'une sorte toute nouvelle. — Or, brusquement, les syndicalistes révolutionnaires viennent, au Congrès de la Confédération générale du Travail, tenu à Bourges du 12 au 17 septembre dernier, d'apparaître avec une force et un éclat tels, qu'ils en ont, je crois bien, été un peu surpris eux-mêmes.

Il convient donc aujourd'hui d'examiner de très près ce nouveau parti ouvrier. Et je pense être dans de bonnes conditions pour procéder à cet examen. J'ai assisté au Congrès de Bourges, et pendant huit jours j'ai vécu assez intimement avec quelques-uns des militants syndicalistes révolutionnaires, les écoutant, causant avec eux et discutant, m'efforçant de les comprendre, de bien pénétrer leur pensée sous les obscurités qui subsistent encore.

Il y a un mois, présentant la notion de Grève générale, j'ai plus nettement que jamais montré mes sympathies pour eux et mes méfiances à l'égard des partis socialistes politiques. On sait donc dans quelle disposition d'esprit je me trouve pour étudier le syndicalisme révolutionnaire. Mais on verra que je ne me propose pas ici le moins du monde d'écrire une apologie. Je me propose, bien au contraire, d'essayer une étude critique.

Il est souvent dangereux de critiquer de près les pensées naissantes, les partis nouveaux; on risque de donner à certaines manifestations une fausse importance, de les prendre pour ce qui est essentiel alors qu'elles ne sont que des exubérances passagères; on risque d'autre part de ne pas même voir l'essentiel ou de l'écarter comme manifestation secondaire et sans valeur.

Le syndicalisme révolutionnaire se trouve aujourd'hui, je crois, suffisamment formé, suffisamment vigoureux, pour que les critiques s'exercent sur lui pour le débroussailler sans qu'on risque de lui enlever quoi que ce soit d'essentiel, ou de prendre le secondaire pour le principal.

I. — LA CONFÉDÉRATION GÉNÉRALE DU TRAVAIL

Examinons d'abord le milieu où agissent les syndicalistes révolutionnaires.

Les statuts de la Confédération générale du Travail, — de la C. G. T. comme on écrit pour abréger, — ont été votés il y a deux ans au Congrès de Montpellier. Ils sont extrêmement simples et peuvent même paraître insignifiants.

Ils disent que la C. G. T. est constituée : 1° par l'ensemble des Fédérations de métiers ou d'industrie; 2° par l'ensemble des Bourses du Travail. Elle comprend ainsi deux sections, qui sont autonomes. Et chaque section a son Comité, composé des délégués, soit des Fédérations, soit des Bourses. L'ensemble des délégués de l'une et de l'autre section forme le Comité confédéral. — Dans ce Comité, les syndicalistes révolutionnaires ont la majorité; c'est pourquoi la bataille s'engagea à Bourges sur le rapport du Comité, lequel fut adopté par 820 voix contre 375; première victoire du parti nouveau.

Tous les deux ans, au mois de septembre, a lieu un congrès, auquel prennent part, non point les Fédérations et les Bourses, mais les syndicats eux-mêmes; il faut seulement qu'ils adhèrent, d'une part à une Fédération d'industrie ou de métier, d'autre part à une Bourse du Travail, à moins d'impossibilité matérielle.

Outre les comités des deux sections, la C. G. T. comporte, comme organismes centraux : 1° une commission de contrôle; 2° une commission de *la Voix du Peuple*, journal officiel de la C. G. T., auquel chaque syndicat doit être abonné; 3° une commission des grèves et de la Grève générale.

Seul le titre de cette dernière commission indique certaines tendances particulières des rédacteurs des statuts et des syndicats qui les ont adoptés. Mais il ne faut pas attribuer trop de valeur au mot Grève générale qui figure dans les statuts; car il n'a nullement écarté de la C. G. T. certains syndicats où la notion de Grève générale n'est guère admise. Il ne faut pas non plus se préoccuper de l'article premier des statuts, qui a la prétention de définir le but de la C. G. T. et parle de « la lutte à mener pour la disparition du salariat et du patronat ». Il y a des syndicats adhérents à la C. G. T. qui ne luttent pas à cet effet, qui ne sont pas d'un rouge éclatant, et personne ne s'avise de demander leur exclusion.

LA NEUTRALITÉ PAR LA FÉDÉRATION

On peut dire que, d'après ses statuts, la C. G. T. est simplement une organisation, sans programme, sans méthode d'action particulière, une organisation absolument neutre, où les idées les plus diverses peuvent circuler, où les conceptions les plus différentes peuvent naître et se manifester.

Et cette neutralité est fortement accusée par ce fait qu'il ne doit y avoir qu'une seule Fédération réunissant des syndicats d'une même industrie et d'un même métier, une seule Bourse dans une ville, un seul syndicat pour les travailleurs d'une même profession dans une même localité. Peu importent les divergences de sentiments, de doctrines, de méthodes; il n'y a pas à en tenir compte. La C. G. T. est calquée rigoureusement sur l'organisation économique de la classe ouvrière. Elle réalise ce qu'on nomme l'Unité ouvrière, en se basant « sur le principe du fédéralisme ». Et chaque organisation voit respectée son autonomie (1).

Il est probable que, d'ici peu d'années, les statuts seront modifiés. Mais non point pour en changer le caractère. Ils seront modifiés parce que, par exemple, dans plusieurs régions les travailleurs agricoles se syndiquent et adhèrent aux Bourses des chefs-lieux; or on ne peut vraiment former un seul syndicat de tous les travailleurs agricoles d'une région, ni non plus faire entrer dans la Bourse d'un chef-lieu un nombre de syndicats ruraux tel que les syndicats ouvriers urbains seront noyés, écrasés. Ainsi, dans le Narbonnais, il y a quarante syndicats de travailleurs agricoles; que peuvent devenir les quinze syndicats ouvriers de Narbonne? Certaines Bourses se trouvent ainsi dans une situation fort embarrassée.

D'autre part, les provinciaux ont toujours, à l'égard des Parisiens, une certaine méfiance, et les membres du Comité confédéral sont tous des Parisiens. A certains indices il est facile de prévoir que d'ici peu la C. G. T. devra comporter des Fédérations régionales, organisées à peu près comme l'est aujourd'hui la C. G. T. elle-même.

Mais une modification des statuts dans ce sens ne pourra que neutraliser davantage la C. G. T., accentuer son caractère de pure organisation des syndicats, la rendre de plus en plus indépendante *a priori* des méthodes d'action syndicale particulières et des buts poursuivis selon tels ou tels programmes qui pourraient être dressés.

Remarquez que la C. G. T. peut assez bien être comparée à un

---

(1) Les procédés employés contre la Fédération du livre et cette polémique indiquent de quelle manière est respectée l'autonomie des organisations! — C. C.

Etat. — D'ailleurs, les syndicalistes révolutionnaires la comprennent ainsi dans leurs vues sur l'avenir ; ils considèrent le syndicat comme l'institution essentielle de la société qu'établira la Révolution, et la C. G. T., ensemble cohérent de toutes ces institutions, dessine bien cet Etat socialiste que les marxistes ne sont pas arrivés à présenter convenablement aux ouvriers. Mais l'Etat socialiste ne doit pas être idéaliste, gouvernemental ; il doit être essentiellement administratif. La formule : « substituer l'administration des choses au gouvernement des hommes » traduit toujours assez convenablement, en partie, les aspirations révolutionnaires. La C. G. T. ne poursuivra donc pas de fins morales, elle aura seulement des fins matérielles ; autrement dit, elle n'est pas une personne, une association ayant une personnalité ; elle est seulement un cadre.

Tous les syndiqués ne conçoivent pas ainsi l'État socialiste, la Confédération générale du Travail. Seuls la veulent vraiment neutre les libertaires, dont on connaît l'horreur pour tout ce qui ressemble à un gouvernement, et les guesdistes, auxquels l'idéalisme socialiste et gouvernemental répugne. Tandis que les syndiqués plus ou moins amis du gouvernement et plus ou moins admirateurs de Jaurès — ils sont une faible minorité — voudraient donner à la C. G. T. des statuts tels que les syndicats soient soumis à une sorte de gouvernement ouvrier central.

Il y a eu bataille à cet égard à Bourges. Un ensemble de syndiqués, dits réformistes, voulurent détruire le fédéralisme de la C. G. T. par l'institution de la représentation proportionnelle. Ils furent battus. Le Congrès, par 819 voix contre 374, repoussa la réforme, qui eût été un changement complet du caractère de la C. G. T., et il maintint le principe fédéraliste. Ce fut la deuxième victoire des révolutionnaires.

Expliquons brièvement cette question, qui n'a pas été en général présentée comme je la présente ici.

Il y a fédéralisme quand des institutions, des associations, des entreprises, des pays, etc. s'unissent entre eux pour des buts pratiques communs sans perdre rien de leur autonomie, sans cesser de poursuivre librement des buts particuliers. Il faut seulement que chacun des éléments fédérés se trouve dans des conditions particulières, ait une vie propre, accuse une certaine personnalité. Ils ont alors la même valeur, ils sont équivalents ; et il n'y a nullement à mesurer leurs puissances respectives les uns par rapport aux autres. Bien plus, le fédéralisme a pour effet de préserver les faibles contre les forts. Dans la C. G. T., avec ses statuts actuels, la Fédération d'industrie ou de métier la plus minime, la Bourse du Travail la plus petite, ont toutes garanties d'indépendance à l'égard des gr...s Fédérations, des Bourses puissantes. D'ailleurs il est bien in...ssible, dans une société économique devenue aussi complexe que la nôtre, de dresser une échelle hiérarchique entre les genres de production ou entre les centres industriels. On ne peut distinguer les éléments producteurs que selon leur nature (1) et il faut attribuer à chacun la même importance.

C'est cette égalité entre les éléments constitutifs de la C. G. T. que trouvent mauvaise les réformistes, tandis que les révolutionnaires la tiennent pour un principe fondamental. Les réformistes hiérarchiseraient volontiers les industries, et, en tous cas, ils soutiennent que les Fédérations doivent avoir au Comité confédéral un nombre de voix, une part d'influence proportionnels au nombre de leurs syndiqués. Ce qui revient à dire que les Fédérations ne seraient plus que des divisions administratives de la C. G. T., — — tels les départements dans l'État, — ou mieux encore des circonscriptions électorales pour la formation d'un comité central — et non plus confédéral — de tous les syndiqués de France.

Et qu'on ne prenne pas ceci pour des subtilités de constructeurs de constitutions. Entre une démocratie centralisatrice et une démocratie fédérative, il y a vraiment une différence de nature. C'est bien, en fait, le principe fédéraliste qui s'est trouvé en discussion à Bourges, quand le Congrès s'est occupé de la représentation proportionnelle des fédérations au Comité confédéral.

Les syndicalistes révolutionnaires ont défendu le principe fédéraliste et ils ont triomphé. Mais qu'ils fassent attention. Si les deux tiers des congressistes ont repoussé avec eux toute modification aux statuts dans le sens indiqué par les réformistes, ils n'ont pas pour cela adhéré à l'ensemble des conceptions révolutionnaires. Ils ont seulement défendu l'autonomie des syndicats contre le danger immédiat qui la menaçait.

Or, il n'y a jamais fédéralisme absolu ; ni d'ailleurs non plus centralisation absolue : dans l'État français, les départements et les communes ont une certaine autonomie ; les cantons suisses ont constitué une administration fédérale qui détient forcément certain pouvoir. Pratiquement, il est impossible de séparer radicalement l'administration et le gouvernement. Et la neutralité absolue n'existe pas.

Beaucoup de congressistes, en même temps qu'ils votaient contre les réformistes, ne cachaient pas une certaine inquiétude à l'égard des militants révolutionnaires du Comité confédéral.

Mais ceux-ci — si je ne me trompe — ont été, il y a deux ans, les rédacteurs mêmes des statuts qu'ils ont défendus à Bourges. Et il faut penser que leur triomhe ne les aveugle pas, qu'ils en comprennent les vraies raisons. Il faut penser qu'ils diminueront eux-mêmes, autant qu'il est pratiquement possible, la part d'influence gouvernementale que détient, comme tout autre, le Comité confédéral, qu'ils en useront avec beaucoup de modération, qu'ils

___

(1) Cela n'est d'ailleurs pas toujours commode. — On discute dans les milieux syndicaux sur la valeur respective des Fédérations d'industrie et des Fédérations de métier. Un syndicat de charpentiers doit-il appartenir à la Fédération du bâtiment ou à celle des charpentiers ? Et comment distinguer nettement entre mécaniciens, métallurgistes, modeleurs-mécaniciens, mouleurs, bronziers, travailleurs de cuivre ? Pour mettre en évidence les natures des productions voisines on s'en rapporte à la pratique, à l'opportunité, et cela est sage.

s'attacheront à neutraliser de plus en plus le milieu syndical, la Confédération général du Travail.

C'est d'ailleurs, à mon sens, d'une grande importance pour le développement de leurs conceptions révolutionnaires et le triomphe de leur méthode d'action.

II. — LES ADVERSAIRES : TYPOS ET LIBERTAIRES

Tous les congressistes, en arrivant à Bourges, savaient qu'une grande bataille allait se livrer entre réformistes et révolutionnaires. Et le secrétaire du comité d'organisation, auquel l'usage commandait de prononcer un petit discours de bienvenue, parla bien de solidarité ouvrière, — l'usage lui en faisait aussi une obligation, — mais il parla également de discussion passionnées et tumultueuses.

Cependant, comme un révolutionnaire, lors d'une première discussion, parla d' « adversaires », des murmures s'élevèrent, les réformistes se montrèrent choqués du mot. Véritablement, cela ne témoignait guère de leur franchise, car depuis plusieurs mois ils s'étaient préparés à la lutte et avaient passé entre eux des alliances dans le dessein de mettre les révolutionnaires en minorité. Mais cette pudibonderie ne put durer longtemps, et le mot d'adversaires, malgré l'horreur qu'il inspirait à certains délégués, fut par la suite couramment employé pour la plus grande clarté des débats. Espérons que c'est là un résultat définitivement acquis; espérons que dans la C. G. T., malgré les réformistes, on bannira radicalement les mots menteurs d'union, d'unité morale, de solidarité; ils ne servent généralement qu'à cacher les désaccords les plus grands, et ils ne sont le plus souvent employés que par les hommes trop habiles qui veulent calmer et attendrir leurs adversaires pour les désarmer et les frapper traîtreusement.

Remarquez d'ailleurs que si la C. G. T. est neutre, comme le veulent en général les révolutionnaires, si elle est simplement une confédération d'organisations économiques, elle doit contenir des hommes de pensées très diverses et assembler des adversaires. Comment donc pourrait-on sincèrement y parler d'unité morale, à moins de vouloir l'obtenir par des procédés gouvernementaux, arbitraires et tyranniques? Ce sont les réformistes qui parlèrent d'unité morale, les réformistes, adversaires du fédéralisme. C'est vraiment curieux : les partisans de l'Unité, de l'Union, de la Paix d'amour ont partout des âmes de gouvernants !

Les réformistes ne forment guère un parti; ils ne forment qu'un bloc antirévolutionnaire. Leurs conceptions du syndicat et de l'action syndicale paraissent fort diverses, et en général fort incertaines. Chez certains d'entre eux seulement, chez les typos, la pensée est véritablement solide. Et le Congrès de Bourges fut en réalité un duel entre les typos et les révolutionnaires du

Comité confédéral, les congressistes se rangeant autour des uns et des autres pour des raisons diverses.

L'ESPRIT TYPO.

La Fédération du Livre est fort intéressante. Elle est dirigée par un homme auquel ses adversaires eux-mêmes reconnaissent de sérieuses qualités intellectuelles, un absolu dévouement à ses fonctions syndicales et un entier désintéressement. Keufer, qui était un des vétérans du Congrès, a derrière lui un long passé, et ses opinions se justifient par une expérience personnelle consciencieusement acquise. Son influence est grande sur les typos. Mais, d'autre part, je me demande si les révolutionnaires ont bien raison de s'en prendre à lui aussi vigoureusement qu'ils font quand ils combattent les méthodes préconisées par le Livre ; si, en particulier, ils ont raison d'attacher autant d'importance à ses doctrines philosophiques. Keufer est positiviste, il a même une haute situation dans le monde positiviste, et toutes les idées qu'il défendait au Congrès étaient, selon ses adversaires, empreintes de sa philosophie personnelle.

Certes, le positivisme condamne énergiquement toute action révolutionnaire ; il a pénétré, surtout autrefois, les milieux ouvriers, et Keufer continue à en propager les maximes pratiques. C'est cependant ailleurs qu'à mon sens il faut chercher principalement l'explication de l'*esprit typo*, comme disent les révolutionnaires, qui le trouvent détestable. C'est dans l'histoire de l'industrie typographique. Le Livre est une des très rares industries qui aient une très forte tradition, qui aient traversé le dix-neuvième siècle jusqu'aux dernières années sans être soumises au régime commun. Ce fait me paraît être pour beaucoup dans la formation des conceptions particulières des ouvriers typographes.

Je ne puis ici exposer mon idée à cet égard avec tous les développements qui seraient nécessaires. Je me contente de présenter quelques brèves remarques.

Le fait capital est que l'imprimerie n'est une industrie libre que depuis un décret du gouvernement de la Défense Nationale en 1870. Jusqu'alors, tous les gouvernements avaient gardé la haute surveillance sur tout ce qui s'imprimait, et ils délivraient des brevets d'imprimeur de la même manière qu'ils nommaient les notaires et autres officiers ministériels ; le nombre des imprimeurs était limité : ainsi, à Paris, il était de 80. Au point de vue industriel c'était le monopole, alors que toutes les autres industries se développaient librement, se transformaient, se perfectionnaient. Les maîtres imprimeurs se firent donc concurrence dans des conditions extraordinaires : les incapables ne disparurent pas, et l'idéal de tous était la reconstitution d'une corporation régulière selon l'ancien régime.

Ces conditions particulières ne pouvaient qu'avoir une grande influence sur les ouvriers typographes. Leur nombre ne pouvait guère varier, et ils se trouvaient, en fait, un groupe ouvrier très stable et bien défini malgré l'interdiction de former des associations professionnelles. Joignez à cela que, dans un temps où l'instruction populaire n'était point ce qu'elle est aujourd'hui, les ouvriers typographes formaient dans la classe ouvrière une véritable aristocratie intellectuelle. Ils se trouvaient dans les conditions les plus favorables pour le développement chez eux de l'esprit corporatif.

Et c'est bien cela que les révolutionnaires reprochent principalement à la Fédération du Livre : elle ne serait pas véritablement une Fédération de Syndicats modernes, elle serait plutôt une Corporation ancienne.

De nombreux faits peuvent se grouper à l'appui de cette opinion. Les typos syndiqués traitent les non-syndiqués presque en ennemis, en voleurs de travail ; l'idée du syndicat obligatoire leur est très sympathique, et aussi celle de la limitation du nombre des ouvriers dans leur industrie ; ils n'aiment rien de ce qui peut ressembler à une concurrence ; le patron selon le cœur des vrais typos syndiqués n'est pas celui qui paie selon le tarif établi ou accepté par le syndicat, mais celui qui n'emploie que des syndiqués, et pour prétendre occuper toutes les bonnes places à Paris, dans les journaux, dans les imprimeries officielles, etc., il faut être un syndiqué. Au siège de la Fédération, tous les ouvriers typos ont leur fiche sur laquelle se résume leur histoire professionnelle, et s'inscrivent les maisons où successivement ils travaillent. Le syndicat est ainsi un grand maître ouvrier, qui surveille les syndiqués en même temps qu'il leur garantit du travail ; quand un syndiqué cesse de travailler, dans certaines conditions réglementaires, il reçoit un secours de chômage, et tout un ensemble d'institutions attache le typo syndiqué à la Fédération protectrice.

J'attire ici l'attention sur ces faits plutôt que sur d'autres parce qu'ils me semblent caractériser la corporation, et qu'il faut soumettre à un examen très sévère toutes les idées corporatives. On les trouve encore très répandues, même parmi les révolutionnaires, et cela me paraît tout à fait regrettable. Les corporations sont des institutions du passé, et tout ce qui peut en survivre doit être détruit comme en désaccord complet avec le régime de la production moderne. C'est dans le Livre que les idées corporatives sont les plus développées, c'est là qu'il faut aller les étudier.

Quant à la tactique des dirigeants du Livre, on la devine sans peine. Des gens qui ont la charge d'administrer une telle association d'intérêts personnels et de protéger un tel nombre d'adhérents, ne peuvent être que très prudents, très sages ; ils doivent craindre tout mouvement un peu vif qui désorganiserait leurs institutions.

Keufer a défendu à Bourges les conceptions du Livre, en les

appuyant de solides arguments dont la valeur est indiscutable à mon sens si l'on admet le point de départ : le syndicat, corporation ouvrière. Mais cette conception ne plaît guère à la plupart des ouvriers français d'aujourd'hui, qui ont le tempérament révolutionnaire, qui ont l'esprit de conquête plus que l'esprit de conservation. A plusieurs reprises, durant que Keufer parlait et exposait les idées qui dominent dans le Livre, j'ai eu la sensation très nette qu'il n'était pas compris.

Est-ce à dire que le syndicalisme de la Fédération du Livre est condamné à disparaître, parce qu'il est en contradiction avec les tendances générales qu'on trouve dans les autres Fédérations? Je ne le pense pas. Chez les typographes, on trouve ce qu'on ne trouve guère ailleurs : une forte tradition; les traditions sont longues à disparaître et elles ne sont pas inutiles. Bien plus, à certains points de vue, le Livre est plus « avancé » que d'autres Fédérations jeunes : le problème de la vie en atelier y a été mieux étudié, et ce sont les typos qui ont trouvé la seule formule de Droit, le travail en commandite, où se matérialisent aujourd'hui les instincts libertaires des ouvriers français. D'autre part, les institutions syndicales de la Typographie, interprétées autrement que comme conséquences de la corporation, ne sont pas méprisables.

Il se pourrait donc parfaitement que d'ici quelques années, l'esprit typo, l'esprit étroitement corporatif disparaissant sous la pression révolutionnaire, la Fédération du Livre offrît aux autres fédérations certains exemples à imiter.

LES LIBERTAIRES DANS LES SYNDICATS

Le Livre fut battu. Étudions maintenant les conceptions de ceux qui ont mené contre eux la bataille, des syndicalistes révolutionnaires.

De temps en temps, dans les séances du congrès, quelque réformiste, dans l'idée de nuire aux révolutionnaires, les traitait de libertaires. Et certains révolutionnaires, sans d'ailleurs nier qu'ils fussent libertaires, protestaient contre de telles « attaques ». Je n'ai pas bien compris pourquoi. J'ai d'autant moins compris qu'il me semble impossible d'expliquer le syndicalisme révolutionnaire si on ne voit pas ses origines dans les anciennes conceptions anarchistes. Autrefois les libertaires combattaient le groupement syndical, alors que maintenant ils sont syndicalistes. Et puis après? Cela ne prouve qu'une chose : c'est que l'anarchie est bien moins une doctrine sur la société qui doit être, qu'un ensemble d'idées sur l'action dans la société présente. — D'ailleurs, les libertaires entrés dans les syndicats avec leur tempérament rude et combatif doivent s'attendre à ne plus être dans quelques années ce qu'ils sont aujourd'hui; ils subiront l'enseignement des actes mêmes qu'ils auront commis, et acquerront une connaissance plus grande du milieu économique où ils se meuvent.

Les libertaires, — ou anarchistes, comme vous voudrez, — ont toujours pensé qu'il fallait agir directement et incessamment contre les vices de la société. Agir par intermédiaire leur a toujours paru mensonge, duperie; surtout agir par l'intermédiaire du pouvoir gouvernemental de l'Etat (1). Ce qu'il faut, c'est l'*action directe et continue* contre tout ce qui est oppression et entrave le développement de l'individu. Et c'est l'action individuelle. L'essence même de la propagande anarchiste, c'est de former des individus qui agiront.

De là découle immédiatement le syndicalisme révolutionnaire. Le syndicat ne sera pas une corporation, une association, une personne morale: ce sera simplement un groupement d'hommes d'action. Par le groupement, on rendra plus efficace l'action directe et continue. — Et je crois bien que c'est tout ce qu'il y a à dire pour caractériser la conception du syndicat et de l'action syndicale des syndicalistes révolutionnaires!

Examinons quelques aspects particuliers de cette conception si nette et si simple.

Tout d'abord, que peuvent penser de la violence les syndicalistes révolutionnaires? C'est ce dont bien des gens se préoccupent, et, à Bourges même, un orateur réformiste crut attaquer les révolutionnaires en condamnant la violence systématique. Mais nous sommes d'accord! répondit un révolutionnaire. En réalité, pour des gens soucieux de vérité, la question de violence ne peut pas se poser; elle est inexistante; quand il y a lutte, peut-on savoir où commence la lutte violente? L'expérience montre que non. Les gens qui condamnent systématiquement la violence sont gens à qui toute idée même de lutte est odieuse, soit parce que ce sont des faibles, soit parce qu'ils craignent pour eux, pour leurs biens, et surtout, en général, pour leurs habitudes matérielles et intellectuelles. Est-ce que souvent un acte un peu brusque et brutal ne cause pas moins de maux que certains actes sournois accomplis par des hommes calmes, timorés et doux? Flanquer un coup de poing à un adversaire, par exemple, vaut mieux que de répandre sur lui des calomnies. Cependant coup de poing, c'est violence; et la calomnie est un moyen de lutte fort pacifique. Ce qui importe, c'est la lutte franche, et les syndicalistes révolutionnaires ne demandent pas qu'elle entraîne des ruines, des misères et des brutalités de toute sorte; mais si on veut leur faire cesser la lutte en leur représentant qu'elle tourne à la violence, ils trouvent l'argument sans valeur.

D'autre part le syndicat étant un groupement d'hommes actifs, lesquels sont toujours minorité, — et non une corporation, une

---

(1) L'État pour les libertaires est complètement assimilé au gouvernement; ce qui prouve d'ailleurs qu'ils considèrent principalement ce qui est, et non ce qui pourrait être. Comme jamais pour eux, révolutionnaires, l'Etat n'a été pratiquement un organisme neutre, il leur aurait été vraiment difficile de le concevoir tel !

association de gens obéissants et disciplinés, une masse compacte et lourde, — des résultats ne peuvent être acquis que si la foule ouvrière, ordinairement passive et endormie, se met en branle. L'expérience le prouve surabondamment. Les grèves nous montrent en effet des ensembles d'ouvriers en révolte sous la direction des syndicats. Or les foules sont facilement terroristes quand quelque événement provoque en elles des émotions profondes ; elles sont très souvent violentes et impuissantes à la fois, mues par des sentiments vagues, des passions incohérentes, des instincts indécis et contradictoires. La force gréviste, les syndicalistes révolutionnaires ne se préoccupent évidemment pas de la contenir ; on n'a jamais su calmer les foules, d'ailleurs, que par des mensonges ; ce dont ils se préoccupent, c'est de diriger intelligemment la grève pour la faire aboutir à des résultats. Mais, là encore, nous voyons que pour eux la question de violence est inexistante ; ils ont simplement déterminé leur tactique par l'observation de ce qui est, par la connaissance exacte de l'état intellectuel où se trouve la foule ouvrière. Ils sont francs. Ils ont en haine tous les papelards dont toutes les paroles témoignent de leur amour pour le prolétariat et qui, si souvent, après avoir trompé les ouvriers révoltés par l'espoir d'un triomphe sans lutte, parlent ensuite avec attendrissement de leur sagesse admirable.

Les syndicalistes révolutionnaires savent très bien que la force est dans le nombre, et que l'intelligence est dans les minorités. La classe ouvrière n'est point pour eux, comme pour tant d'orateurs socialistes, une personne morale, un tout, un bloc politique réunissant en elle la force et l'intelligence. Ils cherchent seulement à grouper dans les syndicats tous les ouvriers qui émergent de la foule, de manière à ce que celle-ci, quand elle se met en mouvement, se trouve avoir des guides.

On peut dire que les syndicalistes révolutionnaires ne se donnent pas pour but direct de provoquer des grèves ; ils se proposent plutôt de rendre les grèves utiles et d'empêcher que les énergies populaires ne se dépensent en vain.

Mais pour qu'une foule crée quelque chose par sa force, il ne suffit pas que quelques-uns la dirigent. D'ailleurs, pour quelles causes la foule ouvrière accepterait-elle, lors des crises qui éclatent, l'influence des syndiqués ? Que ceux-ci soient des ouvriers, cela ne suffit pas à leur donner le pouvoir de diriger la force populaire. Il faut que, dans la foule même, existent certaines idées simples sur lesquelles les grévistes puissent raisonner entre eux, et qui donnent naissance à des courants d'opinion où se mêlent efficacement les syndicats.

Il y a donc une éducation générale de la classe ouvrière à poursuivre, et les syndiqués seront des ouvriers qui, pour leur formation intellectuelle, auront tiré profit des actes accomplis, qui auront approfondi les idées simples mises en circulation dans la foule par les propagandistes.

LA PROPAGANDE SYNDICALISTE RÉVOLUTIONNAIRE

On sait combien les libertaires se sont toujours préoccupés d'éducation. Mais jusqu'à présent ils n'avaient abordé que le problème le plus simple, celui de l'éducation des ouvriers intelligents qui recherchaient les occasions de s'instruire et de penser. Entrés dans l'action syndicale et voulant utiliser les mouvements populaires, les grèves, pour la poursuite de la Révolution, forcés par conséquent de répandre des idées dans la foule, comment s'y prendront-ils? Le problème est tout autre. Ils semblent l'avoir très bien résolu, guidés par leur horreur de tous les déclamateurs et bonisseurs de réunions publiques.

Ils ont abandonné leur idéalisme libertaire à peu près complètement. Ce qui permet de croire qu'il n'était pas très profond, mais motivé par certaines nécessités de la propagande, par des nécessités pédagogiques peut-on dire. Et, en effet, quand il s'agit de former, d'orienter l'esprit d'un homme perdu dans la foule et complètement isolé, quand il s'agit de le tourner vers l'action, ne faut-il pas montrer à cet homme un but très lointain? S'il ne prend pas comme point de direction quelque point éloigné, et s'il n'a pas une foi entière dans la réalisation d'un absolu, il sera bien vite désemparé, et les remous de la foule le pousseront de côté et d'autre sans qu'il puisse retrouver son orientation. Il y aurait toute une étude à faire sur ce que sont devenus les anarchistes de jadis; on chercherait ceux qui ont tenu bon ; on verrait ceux qui, perdant la foi et désespérant du but, ont accompli des actes de violence impuissants, ou ont trahi.

Si la propagande atteint non plus des isolés, mais des hommes groupés, il n'est plus nécessaire d'indiquer un but lointain ; s'appuyant les uns sur les autres, ils résisteront aux poussées incohérentes du milieu, ils garderont mieux leur orientation. Et c'est ainsi que certains syndicalistes révolutionnaires, libertaires notoires, en sont arrivés à ne plus vouloir se préoccuper de la société future, de ce qui pourra exister le lendemain de la Révolution ; d'après eux, il n'y a plus qu'à s'occuper du présent.

La propagande révolutionnaire se dépouille de plus en plus de tout caractère de prédication et de prévision messianique, en devenant plus efficace, en se préoccupant d'actes immédiatement utiles. Elle s'est presque complètement transportée dans le domaine du concret, de la vie pratique à transformer tout de suite, ne fût-ce qu'un peu, des actes à accomplir aujourd'hui même. Elle ne conserve plus qu'une seule notion quelque peu indécise, la Grève générale ; mais nous avons montré dans un numéro précédent que cette notion populaire et révolutionnaire présentait des caractères très particuliers : elle ne décrit pas un état lointain, futur, elle décrit plutôt d'une manière synthétique tout l'ensemble des actes journaliers et des buts pratiques qu'ils veulent atteindre.

Et quand on l'éloigne dans l'avenir, c'est seulement pour que ses contours apparaissent plus nets, plus arrêtés.

Je donnerai deux exemples, qui me semblent tout à fait probants, de la préoccupation du concret qui domine la propagande syndicaliste révolutionnaire.

Autrefois, du temps qu'ils vivaient hors des milieux syndicaux et qu'ils ne songeaient pas à agir en utilisant les forces populaires, du temps qu'ils ne connaissaient que des individus et voulaient ignorer systématiquement la foule et la puissance qu'elle détient, les anarchistes n'avaient que mépris pour la lutte de classes dont parlaient les guesdistes. Ils en parlent, maintenant qu'ils sont syndicalistes; ils se sont aperçus que la théorie marxiste décrit d'une manière satisfaisante l'action ouvrière à laquelle ils participent. Après les guesdistes, ils énoncent très haut le principe de la lutte de classes, pour répandre parmi la foule une idée simple sur des actes concrets qu'elle accomplit elle-même.

Le deuxième exemple est relatif au sabotage. Il n'est pas de moyen de lutte plus terrible. On sait en quoi il consiste : l'ouvrier fait du mauvais travail, gâche les matières premières, détériore les machines. Or, certains révolutionnaires pensent que dans la propagande il ne faut pas insister sur le sabotage, qu'il faut presque négliger d'en parler, « à cause de la difficulté qu'on a d'en présenter l'idée sous une forme concrète ». Et c'est la même difficulté qu'on rencontrerait à parler de violence. En insistant le moins du monde sur le sabotage, forcément l'idée se systématiserait dans la foule, et on obtiendrait des destructions d'instruments de travail sans raison; la foule affirmerait bêtement sa puissance sans se soucier du but à atteindre. De même que la violence en général, le sabotage dépend essentiellement des événements; et il est impossible d'énumérer des cas concrets où il doit être employé. C'est uniquement affaire de circonstances, c'est-à-dire affaire de conscience.

Ainsi donc, et je résume la conception révolutionnaire du syndicat et de l'action syndicale : le syndicat est un groupement d'hommes d'action, et la C. G. T., un groupement supérieur. L'action syndicale révolutionnaire est une action directe et continue exercée par les syndiqués sur la société capitaliste en utilisant la force des foules ouvrières.

Le parti ouvrier nouveau, le parti syndicaliste révolutionnaire ne se définit donc pas par un programme. Il se définit par sa conception de l'action.

Avec cet article, voici les appréciations que nous avons trouvées sur la couverture de la même brochure :

Echos de Bourges.

Dans le numéro du 1er octobre de la *Typographie française*, organe officiel de la Fédération française des Travailleurs du

Livre, Keufer, délégué permanent de la Fédération, publie une note sur le Congrès de Bourges. Il parle des attaques dont le Livre a été l'objet et écrit :

« ... Mais quoi qu'en aient dit certaines personnalités, certains
« intellectuels qui se permettent de juger ou de conseiller impu-
« nément sans rien connaître des conditions intimes de la vie
« ouvrière en général, et moins encore de notre vie corporative,
« la Fédération du Livre sortira plus aguerrie de cette bataille,
« raffermie dans les convictions de ses membres. »

Je crois bien qu'il me faut prendre ce petit couplet pour moi. J'ai en effet signalé moi-même à Keufer, en causant avec lui à Bourges, l'article de l'*Aurore*, où j'annonçais qu'à mon sens « le Congrès de Bourges aura été funeste à la vieille Fédération du Livre », et où je donnais les raisons de cette opinion.

Que Keufer m'attaque en défendant sa corporation, il a certes bien raison. Mais je relèverai un mot dans ce qu'il a écrit à mon sujet.

Il parle d'intellectuels qui se permettent de juger ou de conseiller impunément. Juger, certes, je me le permets, et constamment, et sans réserves. Mais conseiller, c'est autre chose. J'ai bien souvent dit, et tout dernièrement encore avec la plus grande netteté, que les intellectuels qui conseillent les ouvriers sont nuisibles en général. Si je fais une exception, ce ne sera certainement pas en ma faveur.

Quand je m'occupe du mouvement ouvrier, — il faut que nos abonnés le sachent bien, et c'est pour eux que j'insiste, — ce n'est pas avec la pensée d'exercer sur lui la moindre influence ; c'est pour l'étudier, le comprendre : ce qui est très difficile pour quelqu'un qui ne vit pas journellement, normalement dans les milieux ouvriers de la vie ouvrière. Et si, dans ce numéro, j'adresse des critiques aux révolutionnaires, ce n'est pas pour leur faire rectifier leurs actes selon mes conceptions personnelles. En étudiant leurs conceptions et leurs actes, j'ai rencontré certaines contradictions dont, selon moi, ils pourraient être par la suite fort embarrassés. Je leur en fais part. Voilà tout.

S'ils attachent quelque importance à mes remarques, croyez-vous vraiment que je m'intitulerai « conseiller du mouvement ouvrier en France ? » Et s'ils les méprisent, croyez-vous que je pleurerai toutes mes larmes de désespoir en criant : « les malheureux, ils ne m'écoutent pas ! »

Il y a des intellectuels comme cela, je le sais bien, puisque je les dénonce constamment. Mais je n'en suis pas.

J'observe, je note mes observations, je cherche le plus froidement possible à comprendre. Et puis c'est tout. C'est d'ailleurs bien suffisant. Et je crois — quoique je ne poursuive pas de but pratique — qu'une besogne telle que la mienne n'est pas inutile. C'est même parce que je ne poursuis aucun but particulier et personnel en émettant des opinions, que ces opinions peuvent être examinées par ceux sur lesquels elles portent, Ai-je un intérêt quelconque à combattre l'esprit typo et à louer l'esprit révolutionnaire?

Si, cependant; j'ai un intérêt à combattre certaines « méthodes » des dirigeants du Livre. Car j'ai intérêt à combattre ce qui est immoral, à attaquer les gens malhonnêtes partout où je les aperçois. Et je trouve facilement qu'un homme est immoral et malhonnête.

Je l'ai dit à Keufer en causant avec lui à Bourges; je lui ai donné mon impression : le Livre n'aurait pas été battu comme il l'a été, si, autour de Keufer, homme sérieux et probe, le Comité central ne contenait des gens d'une réputation plutôt fâcheuse, et si le Comité central du Livre n'avait pas adopté, pour se débarrasser des typos révolutionnaires, des procédés que beaucoup de congressistes ont jugés sévèrement.

Certains typos de province ont quitté le Congrès écœurés de ce qu'ils avaient appris sur les mœurs du Comité central de leur Fédération, Et c'est par moralité, plus peut-être que par horreur du réformiste, qu'ils ont voté contre le Livre, — et non vraiment pour les révolutionnaires.

Il est bien certain que moi-même, qui me préoccupe surtout de comprendre les conceptions syndicales, j'ai été très mal disposé envers le Livre par les révélations faites au Congrès; j'ai été tout naturellement conduit à condamner plus fortement la conception syndicale du Livre quand j'ai su qu'elle permettait aussi facilement des procédés de gouvernement qui sont, selon moi, absolument condamnables.

Et d'autre part, j'ai été par contre à plusieurs reprises frappé de l'honnêteté intellectuelle des révolutionnaires, de leur horreur de toute hypocrisie, de leur franchise vis-à-vis d'eux-mêmes, comme vis-à-vis des autres. Cela ne pouvait, parce que j'ai des instincts moraux, que me mieux disposer à trouver bonnes leurs méthodes d'action, puisqu'elles s'accommodent bien de la sincérité.

Vous me reprochez, Keufer, de donner des conseils impunément, à l'abri de toute responsabilité? Eh bien oui, je vais en donner un aux révolutionnaires parisiens : c'est de continuer sans trêve la besogne d'épuration qu'ils ont si bien commencée. Je prétends que seuls sont capables de former un parti dont l'œuvre sera grande, des hommes qui ont un grand souci d'honnêteté, de moralité. — Vous êtes qualifié pour former un parti, vous, Keufer; et l'on s'en est bien aperçu au Congrès, où, somme toute, tout le monde a respecté votre personne, a écouté avec attention vos discours et vos critiques du syndicalisme révolutionnaire. Mais si les destinées du réformisme tombaient entre les mains de certains typos trop connus, si tout le parti prenait certaines mœurs gouvernementales du Comité central du Livre, ce n'est plus à des défaites qu'il s'exposerait, mais à un effondrement. Et vous le savez bien.

Ch. G.

Il était nécessaire de répondre à ces critiques et de relever les attaques et les accusations formulées dans les deux notes que nous avons reproduites. — Voici d'abord la lettre adressée à M. Ch. Guieysse par le Comité central et publiée dans *Pages Libres* le 29 octobre suivant :

 Paris, le 26 octobre 1904.

A Monsieur Charles Guieysse, administrateur de « Pages libres », à Paris.

Monsieur,

Dans « Pages libres » du 15 octobre, sous le titre : *Echos de Bourges*, vous répondez à un article que Keufer a publié dans la *Typographie française* et, dans cette réponse, vous vous livrez à des appréciations calomnieuses qui exigent des explications précises de votre part et nous venons vous les demander.

Que vous appréciiez avec vos sympathies ou avec vos ressentiments ce qui s'est dit au Congrès de Bourges, cela est votre droit et relève de la liberté de chacun. Mais où nous trouvons que vous avez dépassé les limites de la critique, c'est lorsque vous annoncez à vos lecteurs que « le Livre n'aurait pas été battu « comme il l'a été si le Comité central *ne contenait des gens d'une* « *réputation plutôt fâcheuse et si le Comité central du Livre* « *n'avait pas adopté, pour se débarrasser des typos révolution-* « *naires, des procédés que beaucoup de congressistes ont jugés* « *sévèrement.* »

« Vous ajoutez que « certains typos de province ont quitté le « Congrès écœurés de ce qu'ils avaient appris *sur les mœurs du* « *Comité central de leur Fédération.* »

Vous-même, dites-vous, avez été très mal disposé envers le Livre « *par les révélations faites au Congrès.* »

Nous laissons de côté les autres appréciations ; celles que nous reproduisons sont assez graves par elles-mêmes pour qu'elles aient provoqué parmi nous une vive indignation.

Ignorant inévitablement les détails de notre vie intime corporative, le fonctionnement de notre organisation et les luttes qui se produisent entre ses membres, comme cela a lieu, d'ailleurs, dans toutes les autres professions, vous croyez pouvoir, néanmoins, porter contre certains membres du Comité central du Livre, même contre le Comité tout entier, des accusations de malhonnêteté, d'immoralité — administratives nous voulons le croire — et cela non sur des faits connus, vérifiés, contrôlés par vous, puisque vous ne citez rien, mais sur des allégations émanant d'adversaires ou de personnes de mauvaise foi dont vous avez accepté les déclarations avec une légèreté et un empressement qui nous autorisent à contester l'impartialité de votre jugement.

Nous ne pouvons rien réfuter de vos méchantes et calomnieuses insinuations puisque vous ne les appuyez sur aucun fait, et aucun de nous ne peut personnellement intervenir, puisque vous ne désignez aucun nom. Ce n'est pas la preuve de la loyauté et de la sincérité que vous affectez de priser si fort. Aussi venons-nous vous demander formellement de préciser et de signaler les noms de ceux qui sont l'objet de vos anathèmes, et vous voudrez bien aussi nous dire quels sont les faits, *en les prouvant*, qui ont pu choquer votre délicate moralité et l'honnêteté immaculée (oh ! combien, nous le savons de trop !) de ceux qui vous ont instruit avec une si remarquable sincérité.

Lorsque nous serons renseignés, nous pourrons alors répondre plus catégoriquement aux accusations dont nous sommes l'objet et donner à cette affaire toutes les suites qu'elles comportent.

Salutations.

(Suivait la signature de tous les membres du Comité central.)

Voici la réponse que fit *Pages libres* à cette lettre dans son numéro du 12 septembre 1904 :

Il ne faut pas critiquer « le Livre ».

Quand je me suis rendu à Bourges pour assister au Congrès de la Confédération générale du Travail, je connaissais déjà un certain nombre des accusations que se portaient mutuellement les typos fidèles de la Fédération du Livre et les révolutionnaires du Comité confédéral de la C. G. T.

Je n'y attachais qu'une importance restreinte. Car mon seul souci était de déterminer les diverses conceptions qu'ont, pour le moment, les syndiqués sur le syndicat et l'action syndicale. Les querelles et les attaques sont des incidents fréquents et utiles des luttes de partis, elles indiquent, en général, à quelle tension en sont arrivés les adversaires. D'autre part, les discussions sur les personnes donnent bien souvent la valeur sur les doctrines ; il faut toujours pour juger une doctrine savoir les gens qui la soutiennent. Si donc, au Congrès, typos et révolutionnaires renouvelaient leurs attaques, j'y ferais attention afin de mieux connaître les diverses conceptions syndicales que je me proposais d'exposer dans *Pages libres*. Mais je ne m'en occuperais pas autrement.

Il est arrivé que le mutuel procès de la Fédération du Livre et du Comité confédéral de la C. G. T. a pris une ampleur telle qu'il a presque à lui seul rempli le Congrès, au grand ennui, comme j'ai dit, de beaucoup de congressistes. Toutes les accusations furent développées amplement et d'une manière précise ; les défenses furent présentées longuement et dans le plus grand détail. Par instant, le Congrès ressemblait à une Cour de justice. Il était impossible à quiconque suivait les séances, pour une raison ou pour une autre, de ne point porter un jugement sur les actes et les gens, en même temps qu'il se faisait une idée sur les conceptions théoriques en présence.

Et comme j'assistais au Congrès, j'ai porté un jugement. Ce jugement, je l'ai fait connaître.

Il a déplu au Comité central. Ce n'est point surprenant. J'ai reçu une protestation. Nous l'avons aussitôt insérée sur la couverture de l'avant-dernier numéro.

Cette protestation m'a laissé fort indifférent, comme on pense; puisque c'est après avoir entendu de longues discussions que je me suis fait une opinion. Mais nos abonnés, eux, n'ont pas assisté au Congrès, et il convenait de réunir pour eux les faits sur lesquels je me suis appuyé.

Or il est arrivé qu'en réunissant ces faits, je me suis aperçu qu'ils n'étaient point si graves qu'ils m'avaient paru tout d'abord.

Je pense maintenant que j'ai eu grand tort de traiter le Comité central du Livre comme j'ai fait. Je me suis servi de termes incontestablement trop durs. Le Comité central n'a fait ni plus ni moins que tous les gouvernements. Pourquoi adresser la moindre critique à une organisation ouvrière dont les mœurs sont simplement semblables à celles des milieux politiques, et de bien d'autres milieux encore?

Le Comité central trouve mauvais que les révolutionnaires du Comité confédéral de la C. G. T. critiquent dans leurs conférences les conceptions et les actes de la Fédération du Livre; il voit là un manque de respect envers les idées des camarades. D'autre part ses orateurs, partout où ils vont, combattent les révolutionnaires, dénoncent leur action et leurs idées pernicieuses, les présentent comme des voyous, ainsi qu'un abonné me l'a rapporté; et ce n'est pas là un manque d'égards envers des camarades. Faut-il s'étonner de cette façon de comprendre la lutte? Les partis d'opposition, composés de gens « bien élevés », ont toujours crié quand des fonctionnaires, en tant que citoyens, s'en prenaient à leurs conceptions; et ils ont toujours en même temps sali tant qu'ils ont pu ces mêmes fonctionnaires. Pourquoi demander aux ouvriers typographes du Comité central de se conduire à l'égard du Comité confédéral autrement que les bourgeois modérés et nationalistes se sont conduits à l'égard d'Hervé, par exemple?

Pourquoi s'étonner aussi de la censure exercée par le Comité central sur le journal de la Fédération? Il est tout naturel qu'il insère toutes les notes relatives aux conférences faites par ses membres et leurs amis, et qu'il refuse de faire connaître qu'Yvetot, typo révolutionnaire et secrétaire de la C. G. T., un adversaire, a fait une conférence devant les typos syndiqués de Nancy ou d'ailleurs. Le *Journal officiel*, comme discours politiques, ne publie que ceux des ministres. Et vit-on jamais une majorité parlementaire afficher, aux frais des contribuables, les discours de ses adversaires? Non pas, on ne donne de publicité qu'aux discours des amis.

Si, d'autre part, le Comité central, qui refuse d'insérer dans la *Typographie française*, ne fût-ce que l'annonce d'une conférence faite par un révolutionnaire, se livre à des accusations contre le secrétaire de rédaction de la *Voix du peuple* parce qu'il n'insérerait pas assez d'articles réformistes, n'est-ce pas là quelque chose de très naturel? Ce qu'on trouve bien de faire soi-même, il est de tactique élémentaire d'accuser ses adversaires de le faire et de le leur reprocher.

Ce ne sont là que des traits de mœurs, et vous voyez que ce n'est pas grave. J'ai vraiment eu tort d'y attacher quelque importance.

Il ne faut pas demander aux ouvriers syndiqués de valoir mieux que les autres hommes.

Si nous examinons quelques faits que d'aucuns jugent plus graves, mes torts paraîtront tout aussi évidents.

Je ne vous raconterai cependant pas par le détail ce qui s'est passé lors des dernières élections complémentaires au Comité central; ce serait un peu fastidieux. D'ailleurs, vous ne pourriez vous étonner, par exemple, de ce que le Comité central n'ait fixé la date des élections qu'après que ses amis ont eu le temps de prendre toutes leurs précautions. Ils n'étaient tout d'abord, pour la plupart, présentés que par une seule section de province, alors que certains adversaires étaient présentés par trois ou quatre sections de province; il était bien naturel de laisser aux amis le temps de trouver trois fortes sections qui les patronneraient. Ce sont là petits détails ordinaires de cuisine électorale. Et la vie politique en fait connaître bien d'autres. Un bon gouvernement doit savoir prendre des précautions contre les révolutionnaires et même simplement contre les opposants modérés; un bon gouvernement doit savoir préparer les élections; c'est un art.

Ce qui vous intéressera davantage, c'est de savoir le résultat du vote. Et peut-être, avec certains révolutionnaires toujours mécontents, serez-vous surpris en apprenant qu'à Lyon, par exemple, tous les bulletins de vote furent en faveur des amis du Comité central? 320 votants, 320 pour. De même à Montpellier, à Amiens, etc. Peut-être votre surprise augmentera-t-elle en sachant qu'à Lyon tout au moins, on rencontre un certain nombre d'opposants au Comité central? Modérez votre surprise; rappelez-vous que sous l'Empire, qui se flattait de maintenir l'ordre, on en vit bien d'autres. Sous la République elle-même, ne voit-on pas certaines communes donner encore, lors des élections législatives et autres, des résultats tout aussi remarquables?

D'ailleurs aucun typo de Lyon ni d'ailleurs n'a protesté officiellement contre cette élection. Et si quelqu'un prétendait que la peur de perdre sa place ou d'être simplement mal vu du bureau syndical, empêchait les protestataires de se montrer, je répondrais que ce n'est pas possible. En plein Congrès de Bourges un typo qui faisait opposition au Comité central, fut, il est vrai, traité de Judas et menacé d'être exclu du syndicat; et il prit cette menace au sérieux. Mais on ne saurait vraiment, de cet incident de congrès, tirer une conclusion générale.

On prétend encore que les membres du Comité central et leur amis ont tous des places de choix. Et puis après?

Quand l'Imprimerie nationale, dernièrement, eut à embaucher une trentaine de typos, au lieu d'envoyer les chômeurs par rang d'ancienneté sur la liste, comme il y était invité par les statuts, le Comité central lui envoya des typos en place, qui à cet effet se mirent en chômage. En quoi est-ce surprenant? Le premier devoir de tout gouvernement, son devoir le plus élémentaire, c'est de caser ses amis.

Et vraiment les correcteurs eurent bien tort, il y a quelques années, de se fâcher contre le Comité central. Une place de correcteur était vacante. Le Comité n'avait-il donc pas le devoir d'y placer un typo de ses amis, au lieu d'y placer un des correcteurs qui étaient alors en chômage? Les correcteurs, à la suite de ce fait, se séparèrent de la Fédération et formèrent un syndicat. Ils sont vraiment trop sensibles aux petites incorrections gouvernementales.

Les faits que d'aucuns jugent graves ne sont donc, eux aussi, que fort insignifiants.

Mon grand tort, c'est, comme l'a fort bien dit le Comité central dans sa protestation, d'avoir *ignoré les détails de la vie intime corporative du Livre*. Je l'ai davantage étudiée par les documents qui me sont parvenus depuis qu'on a appris de divers côtés que, sur une couverture, je m'en étais pris au Livre. Et je déclare très franchement que du moment que personne ne s'indigne des pratiques gouvernementales en honneur sous la troisième République, on ne saurait aucunement trouver mauvais ce qui se passe à la Fédération du Livre.

D'autre part, il est bon de rapporter les actes des gens aux doctrines qu'ils professent, et non point à celles qu'on professe soi-même, si on veut les juger loyalement. Or, le Comité central ne contient que des réformistes, des partisans déclarés de l'action gouvernementale. On n'a pas le droit, encore une fois, de leur reprocher des mœurs gouvernementales. — CH. G.

Donnons immédiatement la lettre envoyée par le Comité central en réponse à ce qui précède et qui parut à la couverture de *Pages libres* du 10 décembre 1904, suivie de quelques lignes de M. Ch. Guieysse :

Discussion avec le Livre ; suite et fin

J'ai reçu la lettre suivante :

Paris, le 5 décembre 1904.

A Monsieur Charles Guieysse,
directeur de PAGES LIBRES, à Paris.

Monsieur,

À la suite des appréciations calomnieuses auxquelles vous vous étiez si bénévolement livré envers nous dans *Pages libres* du 15 octobre dernier, nous vous avions demandé, par notre lettre publiée dans le numéro du 29 octobre, de préciser vos insinuations et de désigner, avec des preuves à l'appui, ceux d'entre nous qui étaient malhonnêtes, dont la moralité était suspecte.

Dans l'intérêt de la vérité, il fallait que nous sachions quels étaient ceux des membres du Comité central de la Fédération du Livre qui méritaient d'être ainsi désignés au mépris de vos lecteurs sur la foi de vos appréciations, elles-mêmes inspirées par les faits qui avaient dû vous être signalés.

En raison de l'apparente assurance avec laquelle vous vous étiez mis à la remorque de vos agents d'information, vos lecteurs avaient le droit, comme nous-mêmes, de s'attendre à des révélations extraordinaires, qui auraient stigmatisés les administrateurs de la Fédération du Livre.

Quelle ne fut pas notre surprise, en lisant votre réponse dans *Pages libres* du 12 novembre dernier ! Pour dissimuler la légèreté avec laquelle vous avez accueilli et reproduit les accusations dirigées contre nous, vous n'avez pas trouvé d'autre moyen de défense que celui d'une ironie lourde, mesquine, qui indique l'absence d'arguments sérieux et, chose que nous croyions à tort indigne de vous, vous avez ressassé tous les potins de portières en nous reprochant des faits inexacts, dénaturés ou contraires à la vérité.

Nous vous reconnaissons le droit de critique, nous vous l'avons dit, car sans cela que vous resterait-il en dehors de cette manière d'indiquer la finesse de votre esprit, la délicatesse de votre morale ? Mais nous ne vous reconnaissons pas le droit de porter atteinte si légèrement à l'honorabilité de camarades dont vous ne pouvez personnellement connaître ni apprécier la conduite corporative.

Il est inutile, devant votre attitude envers nous, de continuer la discussion, de vouloir rétablir les faits. Nous constatons seulement que vous vous êtes piteusement dérobé en négligeant de préciser les faits immoraux, malhonnêtes auxquels vous avez si complaisamment fait allusion.

Il est inutile, également, de rectifier votre interprétation si fantaisiste du caractère de la lutte qui s'est produite entre les membres du Comité Confédéral et les membres du Comité de la Fédération du Livre. Les dirigeants actuels de la Confédération et leurs défenseurs sont de petits saints, à vos yeux, et nous, nous sommes des réformistes, et par conséquent capables des plus noirs forfaits administratifs, parce que nous avons le tort de ne pas tolérer les manœuvres de vos amis, dont les procédés, *plus que les nôtres*, sont dignes des parlementaires les moins scrupuleux, qu'il s'agisse de cuisine électorale ou de l'hospitalité à recevoir dans la *Voix du Peuple*.

Nous vous abandonnons la misérable insinuation que vous avez également reproduite en ce qui concerne les places occupées par les membres du Comité central. Vingt et un sur vingt-six d'entre eux occupaient leur place avant d'être du Comité, deux sont permanents depuis de nombreuses années et trois ont souf-

fert du chômage comme tous leurs camarades. Est-ce là du favo-
ritisme? Vous avez donc accueilli et reproduit une insinuation
mensongère. Et de plus, ce n'est pas le Comité central qui place
les sociétaires parisiens, mais bien le Comité syndical ; autre
inexactitude que vous avez endossée par ignorance.

Nous arrêtons là notre réponse ; nous déclarons seulement que
vous avez accompli une vilaine besogne, comme instrument de
nos adversaires ; vous avez voulu, d'après leurs indications, dis-
séquer notre administration ; vous l'avez fait maladroitement, en
vous attachant spécialement à notre corporation, alors qu'il y
aurait *tant à dire* et à faire dans d'autres groupements où vos
protégés sont des pontifes. Sous l'instigation de ceux qui se dissi-
mulent, vous avez attaqué injustement les militants qui gagnent
leur vie en travaillant à l'atelier, alors que ceux qui essaient de
nous discréditer — et vous êtes de ceux-là — profitent des loisirs
que leur créent les travailleurs. Nous tenons à relever ce fait, très
important à nos yeux.

Ceci dit, nous laissons à vos lecteurs le soin de juger et de qualifier à leur tour les procédés employés contre la Fédération du
Livre et contre ses administrateurs qui consacrent gratuitement
leurs loisirs à la défense des intérêts d'une corporation assez
durement éprouvée, sans qu'il soit besoin pour eux de dépenser
leurs efforts dans des luttes stériles contre des adversaires qui
devraient être des auxiliaires.

Recevez, monsieur, nos salutations.

(*Suivait la signature de tous les membres du Comité central.*)

Et voici la piteuse réponse que fit M. Ch. Guieysse pour clôturer
l'incident :

*Je ne m'attendais certes pas à recevoir une telle lettre pleurni-
charde. Je ne m'attendais pas à ce que notre polémique se terminât
par un : méchant, vilain, pourquoi nous faites-vous du mal? —
Mais il est bien certain que si jamais les bourgeois capitalistes sont
privés de leurs rentes, ce ne sera pas par les membres actuels du
Comité du Livre. Bourgeois et capitaliste, je leur devrais donc
beaucoup d'amitié. — Il est curieux que je n'en aie pas ! — Ch. G.*

Dans ce même numéro de *Pages libres*, parut, sous la signature de
Keufer, la réfutation de l'article intitulé « *les Syndicalistes révolutionnaires* » cité intégralement plus haut.

Voici, également *in extenso*, cette réfutation :

Les Syndicalistes révolutionnaires.

RÉPONSE A M. CH. GUIEYSSE

Dans *Pages libres* du 18 octobre dernier, vous avez publié sous
ce titre : *les Syndicalistes révolutionnaires*, une critique du Congrès de Bourges pour laquelle vous m'avez accordé un droit de

réponse dont je ne profite qu'aujourd'hui, et cela en raison d'une assez longue absence et du peu de disponibilité que me laissent mes fonctions.

Lecteur assidu de *Pages libres*, j'avais cru trouver en vous un critique impartial, sérieusement documenté, en raison de l'indépendance de jugement que vous paraissiez avoir. Votre critique sur le Congrès de Bourges m' laissé cette impression que vous n'êtes pas toujours impartial et que vous êtes quelquefois mal renseigné. Et comme je suppose que vos lecteurs habituels sont tous des citoyens désireux de s'instruire, mais peu initiés aux choses de la vie de la corporation des typographes, je crois très utile de rectifier quelques-unes de vos appréciations afin de ne pas laisser s'accroître sur les typos une réputation de mauvais aloi qu'ils ne méritent pas.

Bien entendu, dans cette note je ne relèverai pas les erreurs nombreuses, mais d'importance secondaire, qui ont été formulées avant, pendant et après le Congrès de Bourges. Il faut savoir supporter les divagations de certaines imaginations, divagations qui portent sur la Fédération du Livre, sur son action corporative et sociale. Et pourtant je me vois obligé de déclarer qu'il y a des écrivains qui, par profession, devraient avoir un scrupule absolu de connaître la vérité ; pour la répandre, ils devraient se livrer moins légèrement à des appréciations incontrôlables et incontrôlées.

Je n'essaierai pas de refroidir l'enthousiasme que vous exprimez pour ce nouveau parti ouvrier en formation, qui s'est révélé, suivant vous, avec un tel éclat au Congrès de Bourges. C'est là affaire d'appréciation et d'optique. Il y a eu exhubérance, c'est vrai ; mais nous verrons ce qu'elle vaudra. Je suis loin de partager cet enthousiasme, pas plus d'ailleurs que cette opinion si favorable aux syndicalistes révolutionnaires : la constitution des forces syndicalistes en fédéralisme autonome pour aboutir à la neutralité de la Confédération du travail, respectueuse de l'indépendance des opinions et de la tactique des syndicats, des fédérations corporatives.

Je conteste absolument l'exactitude de cette appréciation, et je déclare au contraire q les partisans les plus ardents de l'individualisme le plus outré ne respectent pas la liberté d'opinion de leurs adversaires, qu'ils sont exclusivistes, et que leurs actes, comme administrateurs ou dirigeants, — qu'on les appelle comme on voudra, — ne sont pas du tout en concordance avec la théorie que vous exposez : la fédération des organisations ouvrières pour aboutir à la neutralité de la Confédération. D'où vient la lutte actuelle, si ce n'est de la violation de cette neutralité, motivée par une différence de conceptions sur l'action économique et sociale, sur les divergences d'opinions entre les militants des différentes corporations ? L'autonomie, actuellement, n'est qu'un mot ; l'indépendance dans l'action corporative est menacée, et, dans ces conditions, ce serait une mauvaise plaisanterie, même de l'hypocrisie que de parler de l'unité morale dans la Confédération ; les discussions, des accusations réciproques qui se sont produites au Congrès de Bourges en ont été l'irrécusable manifestation.

Le temps, l'expérience, les événements contribueront à faire pénétrer la vérité, à la faire accepter, et peut-être ainsi cesseront les injures, la suspicion entre des militants qui poursuivent un idéal commun par des moyens divers. En tout cas, quoi qu'on en dise, partout, c'est cette tolérance pour ses membres qui est pratiquée dans la Fédération du Livre. Et si quelques critiques peuvent être faites envers les fonctionnaires de cette organisation, combien, à leur tour, auraient-ils aussi à relever d'actes de mauvaise foi, de misérables insinuations de la part de leurs adversaires corporatifs, qui professent pourtant les doctrines libertaires !

RÉVOLUTIONNAIRES ET RÉFORMISTES

Je n'entends pas discuter ici la conception des anarchistes sur l'avenir des syndicats. Ils veulent, dites-vous, « substituer l'administration des choses au gouvernement des hommes ». Sans insister, je considère cela comme une simple formule, car au fond, on aperçoit vite son caractère vague, contraire à l'observation la plus élémentaire. Comment fonctionnera cette administration des choses, le gouvernement des hommes, qui fait tant horreur aux anarchistes et aux guesdistes, une fois supprimé ? Sans organisation préalable, sans direction, sans prévision, tout marchera avec une impeccable équité, avec une parfaite régularité, une sécurité absolue et un ordre rigoureux. Un miracle nouveau, quoi !

Après un si mirifique éloge des anarchistes, de leurs desseins si purs et si nobles, de leur magnifique triomphe à Bourges, les réformistes, ces vandales, sont accusés d'avoir voulu détruire ce qu'avaient si péniblement et si génialement édifiés ces amis libertaires : *le fédéralisme de la Confédération*, monument impérissable qui assurera aux générations futures une admirable administration des choses, par une centralisation des forces ouvrières dont la neutralité assurera l'autonomie et l'indépendance de tous les groupes qui la composeront !

Il paraîtrait que la représentation proportionnelle, défendue avec tant de vigueur par les réformistes, était précisément l'arme au moyen de laquelle ceux-ci voulaient assurer la destruction de ce fédéralisme confédéral et introduire la tyrannie dans la direction de la Confédération !

Que de spécieux et superficiels raisonnements n'a-t-on pas exposés contre cette R. P. ! Et vous-même, vous n'y avez pas cru, car ses adversaires s'épuisaient à invoquer des arguties ; cela s'explique puisque, au Congrès de Lyon, quelques-uns des diri-

géants actuels de la Confédération avaient une opinion contrair
à celle exposée à Bourges !

C'est quelque peu audacieux de voir les syndicalistes révolutionnaires parler de l'action supérieure des minorités intelligentes
et venir soutenir la théorie de l'égalité des droits dans les votes
sous prétexte de protéger les faibles. Est-il donc plus logique, plus
équitable de laisser les forts soumis aux fantaisies d'une majorité
de petites organisations impuissantes dans leur corporation ?

Qu'on ne nous parle pas de neutralité; elle n'existe pas, elle ne
peut exister, et les anarchistes, autant sinon plus que les autres
parlementaires, excellent dans l'emploi des trucs, des combinaisons, des intrigues pour avoir la majorité. C'est pour éviter tout
cela que la R. P. a été proposée et soutenue, c'est aussi parce que
nous considérons comme chimérique l'espoir de voir le Comité
confédéral, tel qu'il fonctionne aujourd'hui, rendre sa neutralité
réelle, effective, sincère. Et pourtant l'autonomie des groupes
corporatifs est nécessaire !

La vérité, c'est que la lutte s'est poursuivie entre anarchistes
et réformistes, et ces derniers, quoique n'ayant pas tous les mêmes
opinions philosophiques et sociales, ont cru cependant possible
de faire alliance entre eux. Et cette alliance était justifiée devant
la campagne de dénigrement dont la Fédération du Livre a eu
tout particulièrement à se plaindre, et cela pour enlever toute
influence à ses représentants au Congrès de Bourges. Les conséquences de cette campagne se sont révélées audit Congrès; les
mêmes faits publiés, dénaturés, aggravés par la *Voix du Peuple*,
puis par une revue typographique, par des journaux professionnels, dans les conférences des Bourses, dans les correspondances,
ont contribué à répandre partout des opinions fausses et erronées
établies sur la Fédération du Livre. Et toute cette campagne avait
pour origine la lutte entre les deux méthodes et pour but l'amoindrissement de l'organisation des travailleurs du Livre. Est-ce là
la neutralité que vous prônez si fort? Avons-nous raison alors,
nous typographes, de combattre avec énergie pour sauvegarder
notre unité, notre groupement, notre indépendance, notre autonomie, comme celles des autres corporations? Les faits répondent
pour nous.

L'ESPRIT TYPO.

J'arrive maintenant à la partie de votre critique qui vise de
plus près l'action exercée par les travailleurs du Livre dans le
milieu ouvrier. Il me sera permis d'en parler avec une certaine
expérience, car je m'occupe activement des intérêts de ma corporation depuis plus de trente ans. Outre les vingt années de
travail à l'atelier, j'ai pu étudier les conditions sociales et l'organisation ouvrière dans plusieurs pays de l'Europe et de l'Amérique. Cette incessante étude et mes nombreuses observations ont

toujours été éclairées, soutenues par la doctrine positiviste, et je puis affirmer que si elle m'a toujours guidé dans la tâche que j'ai pu accomplir, c'est avec une trop scrupuleuse réserve que j'ai exercé ma propagande syndicale dans la typographie et dans les autres corporations.

Pour mieux faire comprendre la suite des explications que je vais donner, il est nécessaire que je fasse une petite biographie du typographe, que j'indique les conditions de sa vie professionnelle.

Par la nature de son travail, le typographe studieux se familiarise par les journaux, par les livres à la confection desquels il collabore, avec la vie intellectuelle, littéraire, scientifique de l'époque. Et tous ceux qui ont connu de vieux typos savent qu'il s'en trouvait parmi eux de très érudits. Du reste, des noms illustres dans la politique, les lettres, la philosophie, sont sortis des rangs des typographes, et durant cette belle période de 1848, nombre de typos étaient mêlés au mouvement et avaient pris une part active à sa direction; certains d'entre eux écrivaient dans le journal *l'Atelier*. De tous temps, les typos ont exercé une action sociale et, de nos jours, ce serait une injustice de contester la part importante qu'ils ont prise, dans beaucoup de localités, comme à l'étranger d'ailleurs, au mouvement syndical. Très souvent l'initiative de ce mouvement leur est due.

L'industrie du livre est très répandue, mais elle ne se prête pas à la formation d'ateliers importants; la liberté accordée en 1870 pour l'exercice de cette profession a multiplié le nombre des patrons dont beaucoup sont d'anciens ouvriers. Presque partout les patrons s'occupent de leurs imprimeries, ils vivent avec leurs ouvriers, travaillent au milieu d'eux. Les relations à l'atelier sont généralement bonnes, cordiales; il en est tout différemment dans la grande industrie où les ateliers sont souvent composés de centaines d'ouvriers.

Il n'est pas une profession qui subisse autant que la nôtre les répercussions des luttes politiques, religieuses, sociales; dans toutes les localités, les partis se disputent et les journaux répètent les échos de ces luttes. Comprendra-t-on alors la nécessaire prudence, la réserve même au dehors de l'atelier que les typos doivent observer à la fois pour ne pas compromettre leur travail et pour éviter de continuelles et désobligeantes discussions?

L'organisation corporative, *syndicale*, dans l'industrie du livre, ne date pas de ces dernières années. A Paris, à Nantes, à Angers, au Mans, de 1835 à 1840, les typos s'organisaient en sociétés de résistance, ils défendaient énergiquement leurs intérêts; ils ont lutté, jusqu'à subir la prison (1862), ils ont subi des persécutions (1848-1853), donnant ainsi la preuve de leur énergique sentiment social. Et depuis cette époque déjà lointaine, les typos n'ont cessé d'être mêlés à l'action corporative syndicale sans avoir jamais négligé l'action politique. Jamais ils n'ont refusé et ne refusent leur concours, partout ils remplissent des fonctions avec désintéressement. Il est donc absolument injuste de critiquer leur isolement, leur caractère rétrograde, quand ils collaborent à toutes les œuvres sociales; mais, en général, ils se refusent, et ils ont raison, à suivre un parti quelconque sans réfléchir, sous le naïf et si banal prétexte *d'aller de l'avant.*

Si quelquefois on peut leur reprocher de se tenir à l'écart, cela est dû souvent aux procédés intolérants, aux tendances d'excommunication qui se manifestent dans les Bourses du travail envers ceux qui ne veulent pas suivre aveuglément les politiciens, qu'ils soient anarchistes révolutionnaires (il y en a) ou de simples candidats parlementaires.

Dans l'article auquel je réponds (voir pages 316 317), vous commettez encore de déplorables erreurs, vous vous livrez à des appréciations qui ne sont pas le résultat de votre expérience, mais la reproduction de renseignements qui vous ont été donnés et dont vous avez tiré un très mauvais parti. Tout, dans ces deux pages, est inexact : vous faites une confusion regrettable, car les typos ne traitent pas les non syndiqués en ennemis, mais bien les *sarrasins* ou *jaunes*, c'est-à-dire ceux qui vont remplacer les grévistes, ceux qui exploitent les sacrifices des syndiqués et qui sont les auxiliaires des patrons.

Voilà ceux que nous détestons et très fortement. Et les typos ne sont pas seuls dans le monde ouvrier à éprouver cette répugnance : citez-nous donc une seule corporation où cette catégorie de *jaunes* soit fraternellement accueillie, citez-moi les syndicats révolutionnaires où l'on cède généreusement les places aux non syndiqués. Je vous affirme que nous savons discerner et atténuer notre ressentiment lorsque nous avons à nous occuper de malheureux collègues qui ont longtemps souffert du chômage ou de la misère ; nous n'avons pas de leçon d'humanité ou de tolérance à recevoir de personne, ni des libertaires, ni des intellectuels qui ne peuvent rien comprendre des mobiles intimes qui font agir les travailleurs.

Les mêmes observations peuvent être faites lorsque vous nous présentez comme sympathiques au syndicat obligatoire, et lorsque vous semblez nous reprocher de nous montrer favorables à la limitation du nombre des ouvriers, etc., etc. Réellement, vous vous livrez là à une mesquine besogne, car tout ce que vous invoquez contre nous peut aussi justement être invoqué contre les autres corporations, quelles qu'elles soient. Et si la place ne me faisait pas défaut, je vous prouverais combien les faits qu'on nous reproche s'expliquent et se constatent dans beaucoup d'autres corporations, et je vous démontrerais combien il est facile de se tromper à ceux qui ne sont pas compris dans le phénomène économique qu'ils apprécient avec trop de désinvolture.

C'est l'ensemble de ces fortes traditions typographiques dont vous parlez qui a fortifié les convictions syndicales de notre corporation, ce sont ces traditions précieuses qui ont conservé et développé la cohésion dans les rangs des typos, au milieu des plus funestes agitations, après les crises les plus perturbatrices, après les commotions les plus inquiétantes. Il y a dans ce phénomène de quoi étonner un sociologue attentif, et on veut nous reprocher de n'être pas des révolutionnaires ou des anarchistes; je prétends que nous avons à nous féliciter de conserver ces traditions dont vous demandez inconsciemment la disparition, car elles nous ont permis de résister à toutes les épreuves, quand tant d'autres organisations ont disparu ou se sont désagrégées à la première tourmente. Voilà les raisons, pour un observateur sérieux, qui plaident en faveur de l'esprit des typos, ce qui ne les empêche pas, tout comme et mieux que d'autres travailleurs, de s'initier au mouvement des idées, à l'action sociale, mais ils y apportent plus de réflexion, voilà tout.

Pourquoi alors détruire ce qui rend de si grands services? Quelles garanties offriraient aux travailleurs du Livre l'adoption des idées, de l'action révolutionnaire et l'abandon de la méthode organique d'amélioration, de travail, constamment pratiquée par les typos?

Il est exact que sous l'influence des événements, des crises industrielles, des brutales perturbations sociales, des lentes améliorations, le nombre des révoltés augmente; mais la masse est-elle révolutionnaire? Malgré cela, ni l'action directe, ni la révolte violente n'établira d'un coup la société nouvelle, la fameuse « administration des choses », car ceux qui seront capables et qui auront la mission d'exécuter cette « opération spontanée » ne sont pas encore préparés.

Vous exaltez l'*action directe et continue* des révolutionnaires anarchistes, sans vous demander si cette méthode d'action, avec la violence, n'entraînera pas, dans l'avenir et fréquemment, la dislocation des forces ouvrières. Et entraîné par votre complaisant éloge, vous oubliez de mentionner ce qu'ont fait les typos dans le passé, au point de vue de l'organisation du travail, *la commandite;* vous laissez ignorer ce qu'ils font tous les jours, leur action incessante de défense ou d'amélioration par leurs seules ressources, au moyen de leurs seules forces, avec le concours excl   de leurs camarades choisis parmi eux, et sans solliciter aucune subvention, ce que ne font pas les partisans de l'action directe, si dédaigneux (pour la galerie) de l'intervention parlementaire, car ils n'hésitent pas à demander et à accepter la « manne » des communes ou de l'État.

Je ne veux pas abuser de votre hospitalité ni de la patience de vos lecteurs, sans cela j'aurais examiné ce que vaut cette action directe révolutionnaire, j'aurais indiqué à quelle confusion elle se prête.

Moi aussi, je reconnais l'efficacité d'une action constante, énergique, même avec toutes ses conséquences pour ceux qui sont dans la lutte. Mais j'ajoute que cette action doit être réfléchie, que toutes les conséquences doivent être envisagées, et vous appelez « papelards » ceux qui agissent avec un tel souci des responsabilités. Comment qualifierez-vous ceux qui, *sans être personnellement compromis*, excitent, poussent les ouvriers à l'action directe et révolutionnaire et les exposent à la misère, aux arrestations, aux représailles ? Comment qualifierez-vous ceux qui lancent les ouvriers dans la lutte, souvent sans issue, pour en faire des miséreux et des révoltés ?

Ce n'est pas le privilège des révolutionnaires anarchistes de chercher à rendre les grèves utiles ; c'est précisément parce que les typos savent par expérience combien les grèves peuvent entraîner de ruines irréparables que la Fédération du Livre les évite autant que possible, pour agir avec d'autant plus de fermeté lorsque les intérêts et la dignité des travailleurs en cause l'exigent.

Le rôle que remplit le Comité central typographique, vis-à-vis duquel vous avez commis une mauvaise action en lui adressant des accusations qu'il ne méritait pas, le rôle qu'il remplit est précisément d'éclairer, de conseiller les fédérés et d'agir ensuite, suivant les circonstances et les chances de succès. C'est là notre méthode d'action ; tous ceux qu'animent le bon sens, la raison, le souci sincère des intérêts ouvriers approuveront notre tactique, et j'espère bien qu'elle finira par prévaloir parmi les travailleurs.

Je prie vos lecteurs de se reporter à la page 321 de « PAGES LIBRES », d'y relire ce que vous dites du changement qui s'est produit dans l'orientation de « certains syndicalistes révolution-naires, libertaires notoires, qui en sont arrivés à ne plus vou-« loir se préoccuper de la société future, de ce qui pourra exister « le lendemain de la Révolution ; d'après eux, il n'y a plus qu'à « s'occuper du présent ».

Vous déclarez que la « propagande révolutionnaire se dépouille « de plus en plus de tout caractère de prédication et de prévision « messianique, en devenant plus efficace, en se préoccupant « d'actes immédiatement utiles ».

Et alors, si vous dites vrai, — et je partage votre opinion, — que signifient les insinuations, les attaques dirigées contre la tactique, contre la méthode d'action de la Fédération du Livre, qui se préoccupe d'abord des résultats pratiques sans nuire au développement de l'éducation de ses membres, qui sont parfaite-ment libres de professer telle ou telle doctrine?

Vous parlez de l'éducation à laquelle se livrent les syndicalistes révolutionnaires, afin de mieux agir sur les foules inertes, de diriger les mouvements qui peuvent naître des explosions de révolte.

Mais cette éducation, de quels principes, de quelle doctrine scientifique sera-t-elle inspirée? Les anarchistes, les marxistes, les positivistes prétendent tous posséder la vérité, et alors sur laquelle de ces doctrines s'appuieront les travailleurs pour réaliser leur idéal ?

Le parti ouvrier nouveau (?), le parti de l'action directe et continue a-t-il le privilège de l'infaillibilité, est-il seul en possession de la vraie science sociale ? La lutte de classe que proclament les anarchistes et les collectivistes, pour aboutir à la suppression des classes, est-elle si différente de l'incorporation du prolétariat que poursuivent les positivistes par une autre méthode ? Quelle est la transformation qui sera plus pratique, plus décisive et plus sûrement réalisable ? Dans quelle condition, de quelle manière se réalisera cette profonde rénovation ?

Voilà de nombreuses et difficiles questions auxquelles il serait trop prétentieux de répondre avec une certitude rigoureuse. Mais en attendant que cette immense, mais nécessaire opération s'accomplisse, j'estime, pour nous y conduire, qu'une besogne utile d'améliorations immédiates, continues, doit être poursuivie par les syndicalistes, qu'ils aient une tendance révolutionnaire ou un caractère organique comme les réformistes. Et pour cela, il ne faut dédaigner aucune action : l'initiative individuelle ou collective, l'action corporative, l'action politique, la collaboration des savants, des philosophes, toutes les forces doivent être utilisées sans illusion sur leur valeur respective.

Je n'ai pas à apprécier ici ce qu'a fait le Congrès de Bourges, le caractère plus ou moins pratique des résolutions qui y ont été prises. Je me contente de déclarer que si les réformistes ont été battus, ils ne sont pas mécontents : malgré le parti pris, malgré les mandats impératifs, malgré la longue campagne de dénigrement et d'appréciations mensongères auxquelles vous même avez donné créance bien facilement, malgré la tentative faite de nous disqualifier, nous avons fait connaître très fermement nos idées, nos critiques, et nous avons rallié un nombre respectable de partisans, représentant un nombre de travailleurs *réellement organisés*. — Nous verrons dans quelques années, ce que sera devenu ce nouveau parti en l'honneur duquel vous avez brûlé tant d'encens.

Et enfin, pour terminer cette longue publication de documents, voici la réplique de M. Ch. Guieysse, qui termina la polémique de *Pays libres :*

Réplique à M. A. Keufer.

Tout d'abord il est nécessaire de réparer une erreur que commet Keufer.

Il me dit : « Vous oubliez de mentionner ce qu'ont fait les typos dans le passé, au point de vue de l'organisation du travail, *la commandite...* », et il semble dire, d'une manière générale, que je trouve mauvais tout ce qu'ont fait les typos. Comme nos abonnés ne se souviennent certainement pas de tout ce que j'ai dit dans mon article sur les Syndicalistes révolutionnaires, je crois bon d'en reproduire tout au moins un passage.

Après avoir remarqué que les idées corporatives sont encore « très répandues, même parmi les révolutionnaires », mais que la

Fédération du Livre présente plus nettement qu'aucune autre les caractères d'une corporation, j'ajoutais :

« Keufer a défendu à Bourges les conceptions du Livre, en les appuyant de solides arguments, dont la valeur est indiscutable à mon sens si l'on admet le point de départ : le syndicat, corporation ouvrière. Mais cette conception ne plaît guère à la plupart des ouvriers français d'aujourd'hui, qui ont le tempérament révolutionnaire, qui ont l'esprit de conquête plus que l'esprit de conservation. A plusieurs reprises, durant que Keufer parlait et exposait les idées qui dominent dans le Livre, j'ai eu la sensation très nette qu'il n'était pas compris.

« Est-ce à dire que le syndicalisme de la Fédération du Livre est condamné à disparaître, parce qu'il est en contradiction avec les tendances générales qu'on trouve dans les autres Fédérations? Je ne le pense pas. Chez les typographes, on trouve ce qu'on ne trouve guère ailleurs : une forte tradition; les traditions sont longues à disparaître et elles ne sont pas inutiles. Bien plus, à certains points de vue, le Livre est plus « avancé » que d'autres Fédérations jeunes : le problème de la vie en atelier y a été mieux étudié, et ce sont les typos qui ont trouvé la seule formule de droit, le travail en commandite, où se matérialisent aujourd'hui les instincts libertaires des ouvriers français. D'autre part, les institutions syndicales de la Typographie, interprétées autrement que comme conséquences de la corporation, ne sont pas méprisables.

« Il se pourrait donc parfaitement que d'ici quelques années, l'esprit typo, l'esprit étroitement corporatif disparaissant sous la pression révolutionnaire, la Fédération du Livre offrît aux autres fédérations certains exemples à imiter. »

On voit donc qu'une bonne partie de la réponse de Keufer se trouve sans objet.

En réalité, le vrai motif de la réponse de Keufer à mon article, est qu'il est réformiste, et que j'ai affirmé mes sympathies pour les révolutionnaires.

Keufer rappelle ma remarque que « la propagande révolutionnaire se dépouille de plus en plus de tout caractère de prédication et de prévision messianique, en devenant plus efficace, en se préoccupant d'actes immédiatement utiles ». Et il ajoute : « Si vous dites vrai — et je partage votre opinion, — que signifient les insinuations, les attaques dirigées contre la tactique, contre la méthode d'action de la Fédération du Livre, qui se préoccupe d'abord des résultats pratiques...? »

Voilà vraiment le point en litige.

Remarquez que réformistes et révolutionnaires veulent les uns et les autres accomplir des actes immédiatement utiles, et c'est cela qui leur importe le plus. Cependant ils sont en profond désaccord, les réformistes traitant les révolutionnaires de gens insensés, et les révolutionnaires ayant pour les réformistes une sorte de mépris.

Comment expliquer cela? C'est fort délicat, et pourtant il faudrait l'expliquer clairement. Dans le *Mouvement socialiste*, Lagardelle et Berth s'y sont essayés; je ne suis pas certain que tout le monde les ait compris; je m'y suis essayé aussi à plusieurs reprises, et il ne me semble pas avoir jusqu'à présent présenté d'une manière très satisfaisante la notion de *réforme révolutionnaire*.

Par voie de comparaison, je donnerai aujourd'hui une nouvelle explication, je tâcherai de faire sentir la différence entre le tempérament réformiste et le tempérament révolutionnaire.

Voici un marchand de chevaux : est-ce un maquignon ou est-ce un éleveur? Entre ces deux termes, maquignon et éleveur, il y a une différence de nature. Un maquignon et un éleveur sont gens d'une *qualité* différente. — Voici un prêteur d'argent; est-ce un usurier ou un banquier? Un usurier et un banquier sont également gens d'une *qualité* différente : ils accomplissent des actes qui paraissent identiques, et qui cependant sont de nature très diverse. — Voici un ministre; est-ce un homme d'Etat ou est-ce un politicien, Waldeck-Rousseau ou Combes? On peut défendre les droits de l'Etat de deux manières qui semblent identiques, vues de loin, mais qui cependant sont différentes quant à leur nature intime. — Voici un homme d'Eglise; il peut être soit un vrai prêtre, soit un « homme noir ». Et parmi les laïques, on peut distinguer entre un catholique et un clérical; on estimera le premier, on combattra avec acharnement le second. — Voici quelqu'un qui a cru à l'innocence de Dreyfus; certaines personnes distinguent, se demandant s'il a l'esprit dreyfusiste, ou si ce fut un dreyfusard vulgaire.

On pourrait prolonger indéfiniment ces exemples. Entre les maquignons, usuriers, politiciens, hommes noirs, cléricaux, dreyfusards, d'une part, et d'autre part, les éleveurs, les banquiers, les hommes d'Etat, les vrais prêtres, les catholiques, les dreyfusistes, — il y a une différence de nature intime.

C'est cette même différence qu'il y a entre un réformiste et un révolutionnaire.

Faisons une dernière comparaison, la meilleure.

Les réformistes recherchent perpétuellement des améliorations, ils les prennent partout où ils peuvent les trouver, ils les acceptent de quiconque peut les leur accorder; ils sont à l'affût de tous les bénéfices possibles. *Ils ont l'esprit mercantile.*

Les révolutionnaires s'efforcent de comprendre la situation générale, de la modifier sans cesse en leur faveur, de remporter des avantages qui seront peut-être très minimes mais engagent ou préparent l'avenir; ils savent perdre même, pour gagner ensuite. *Ils ont l'esprit industriel.*

J'ajouterai encore un mot.

Keufer me répond : « Vous parlez de l'éducation à laquelle se livrent les syndicalistes révolutionnaires, afin de mieux agir sur les foules inertes, de diriger les mouvements qui peuvent naître des explosions de révolte. — Mais cette éducation, de quels principes, de quelle doctrine scientifique sera-t-elle inspirée? Les anarchistes, les marxistes, les positivistes prétendent tous posséder la vérité, et alors sur laquelle de ces doctrines s'appuieront les travailleurs pour réaliser leur idéal? »

Je réplique : sur aucune.

Et je me demande ce que la vérité vient faire ici.

La science ne porte que sur les faits accomplis ; elle ne porte pas sur les actes qui s'accompliront et qu'elle ignore. La science sociale qui indiquerait comment les hommes doivent s'y prendre pour changer la société, pour moi, c'est bien simple, elle n'existe pas et n'existera jamais. Ce serait du charlatanisme, et non de la science.

La science sociale s'occupe de décrire la suite des phénomènes par lesquels la société est devenue ce qu'elle est; elle ne dit aucunement ce qu'elle deviendra. Toute son utilité pratique réside en ceci qu'elle permet de bien comprendre la société présente sur laquelle on veut agir.

Et précisément le parti syndicaliste révolutionnaire présente ce grand intérêt qu'il n'a pas de doctrine, mais seulement une tactique. Il réunit tous les hommes d'action, quels qu'ils soient, anarchistes, marxistes, etc. Il ne peut exclure qu'une catégorie de gens: ceux qui, au nom d'une prétendue science sociale, veulent l'empêcher d'agir.

Charles Guieysse.

La réplique de Ch. Guieysse aux arguments précis de Keufer permet de se rendre compte de l'état d'esprit de ces intellectuels, qu'ils soient d'anciens polytechniciens ou d'anciens ingénieurs des ponts-et-chaussées : ils prennent la posture de savants théoriciens, ils distribuent doctoralement leurs jugements sur des choses qu'ils n'ont pas vécues, desquelles ils n'ont pu faire aucune expérience personnelle et pratique.

En lisant derrière les lignes de cette réplique, nos camarades verront tout ce qu'il y a de blessant dans les comparaisons auxquelles se livre M. Ch. Guieysse; il faut dédaigner ces procédés, car nous savons par la réalité des faits où sont les *mercantis* et les militants aux vues larges et généreuses. Ch. Guieysse, comme G. Sorel et d'autres intellectuels, devient un censeur impeccable, un sociologue infaillible, et cet aéropage remarquable va devenir le pouvoir spirituel nouveau, excommuniant dédaigneusement tous ceux qui ne proclameront pas comme vérités les principes posés par ces doctes penseurs, insouciants des conséquences que produira l'influence exercée par eux dans le milieu ouvrier.

Quelle fâcheuse méconnaissance des hommes et des faits montre M. Guieysse lorsqu'il juge avec un tel optimisme les révolutionnaires et leurs actions, et lorsqu'il montre si peu d'impartialité envers les réformistes! Ces derniers, il faut le dire bien haut, ne le cèdent en rien aux libertaires quant aux préoccupations d'un ordre général, au labeur incessant pour améliorer et transformer la société. Seule la méthode diffère : les révolutionnaires anarchistes veulent réaliser cette transformation par un mouvement subit et violent au besoin, par une poussée décisive qui accomplira ce miracle : la génération spontanée d'une société idéale. M. Guieysse aurait dû nous dire s'il croit, lui, l'ex-polytechnicien, à cette génération spontanée d'un état social parfait, ou s'il partage notre avis, pauvres réformistes, que l'état social se perfectionne progressivement par les efforts incessants de la société et des individus.

Nous restons stupéfaits lorsque nous entendons un intellectuel venir affirmer avec tant d'assurance que « la science ne porte que « sur les faits accomplis ; qu'elle ne porte pas sur les actes qui « s'accompliront et qu'elle ignore. La science sociale qui indique- « rait comment les hommes doivent s'y prendre pour changer la « société, pour moi, c'est bien simple, elle n'existe pas et *n'exis-* « *tera jamais.* Ce serait du charlatanisme et non de la science ».

Et alors, suivant cette déclaration de M. Guieysse, les observations scientifiques ne serviraient pas à découvrir d'autres lois, l'induction et la déduction seraient d'inutiles opérations de l'esprit, et tous les systèmes : positiviste, collectiviste, communiste, anarchiste, seraient pur charlatanisme; la société et tous les hommes en seraient réduits à vivre dans une perpétuelle inexpérience, dans une continuelle incertitude pour fixer leur pensée, pour stimuler leurs sentiments et pour diriger leurs actes ?

Ce serait une bien décourageante perspective, il serait bien inutile de dépenser son activité et de sacrifier ses loisirs à l'étude et à l'établissement d'une société qu'aucune science, qu'aucune loi sociologique ne permettrait de considérer comme susceptible de devenir l'état normal de demain, et cela sous peine d'être pris pour des charlatans. Ce qui est consolant à penser, c'est que ce charlatanisme a de nombreux adeptes, et *Pages libres* en a sans doute parmi ses abonnés.

Pour terminer cet exposé critique, affirmons hautement que les travailleurs du Livre, par leur méthode d'action, ont tout à la fois le souci des intérêts immédiats de la corporation, et autant que les autres militants, fussent-ils des révolutionnaires ou des libertaires, le souci des intérêts généraux du prolétariat. Tout ce que l'on peut formuler de critiques contre la Fédération du Livre exige le contrôle; les événements, les luttes ouvrières, la manière dont elles sont conduites viennent chaque jour confirmer ce fait :

dans la pratique, la méthode d'action que nous préconisons est appliquée par toutes les corporations, même quand ceux qui sont à leur tête et les dirigent proclament à tout venant leurs opinions révolutionnaires et anarchistes. Cela suffit pour que nous continuions avec persévérance notre action : le temps et les événements ne tarderont pas à prouver que nous sommes dans la bonne voie et notre méthode sera de plus en plus admise et pratiquée.

Pas plus que les libertaires nous ne renonçons à l'action incessante, autant qu'eux et avant eux nous en avons affirmé la nécessité; nous savons qu'il faut user d'une initiative toujours en éveil. Mais tout en agissant ainsi nous estimons que nous ne devons pas repousser systématiquement les autres moyens de transformation sociale. Nous tenons à déclarer également que nous voulons être libres d'agir suivant nos convictions, suivant les conditions spéciales à notre corporation, sans que l'on vienne porter atteinte à cette liberté, et ceux qui placent toujours ce vocable — *bien-être et liberté* — dans leurs revendications, moins que les autres.

A chacun ses responsabilités : libre à ceux qui, pour préparer l'avenir, préconisent la méthode de désagrégation sociale qui conduit à l'état chaotique, nous menace de recul et prépare une réaction ! Nous, nous affirmons notre préférence pour la méthode organique, pour celle qui, tout en respectant la liberté de chacun, travaille au progrès social continu ! L'avenir indiquera où est la vérité.

LE COMITÉ CENTRAL.

TABLE DES MATIÈRES